# Alégrense y regocíjense

*Reflexiones diarias de Pascua a Pentecostés 2022*

Susan H. Swetnam

Traducido por
Luis Baudry-Simón

**LITURGICAL PRESS**
Collegeville, Minnesota

www.litpress.org

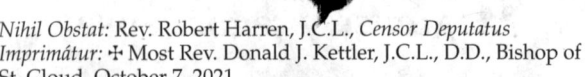

*Nihil Obstat:* Rev. Robert Harren, J.C.L., *Censor Deputatus*
*Imprimátur:* ✝ Most Rev. Donald J. Kettler, J.C.L., D.D., Bishop of St. Cloud, October 7, 2021

Diseño de portada por Monica Bokinskie. Arte de portada cortesía de Getty Images.

Leccionario I © 1976; Leccionario II © 1987; Leccionario III © 1993 Comisión Episcopal de Pastoral Litúrgica de la Conferencia del Episcopado Mexicano. Todos los derechos reservados. Ninguna parte de esta obra puede ser reproducida o transmitida en cualquier forma o por cualquier medio, electrónico o mecánico, incluyendo fotocopias, grabaciones o cualquier sistema de almacenamiento y recuperación de información, sin el permiso por escrito del propietario del copyright.

Otros textos bíblicos de esta obra han sido tomados de la *Biblia Latinoamérica* © 2004, San Pablo y Verbo Divino, y son usados con permiso del propietario de los derechos de autor. Todos los derechos reservados. Ninguna parte de la Biblia Latinoamérica puede ser reproducida en ninguna forma sin el permiso por escrito del propietario de los derechos de autor.

© 2021 por Susan H. Swetnam
Publicado por Liturgical Press, Collegeville, Minnesota. Todos los derechos reservados. Ninguna parte de este libro puede ser usada o reproducida de ninguna manera, excepto citas breves en las reseñas, sin el permiso escrito de Liturgical Press, Saint John's Abbey, PO Box 7500, Collegeville, MN 56321-7500. Impreso en los Estados Unidos de América.

ISSN: 2692-6237 (edición impresa)

ISSN: 2692-6245 (edición en línea)

ISBN: 978-0-8146-6678-4      978-0-8146-6679-1 (e-book)

# Introducción

Cuando la alegría pascual estalla sobre nosotros, bien podríamos pensar en esta gran fiesta como una conclusión triunfante. Las penitencias cuaresmales han terminado, y la liturgia sombría es reemplazada por la celebración gozosa, mientras el Gloria suena una vez más y la luz de las velas de la Vigilia de Pascua se pasa de persona a persona. La liturgia pascual habla gloriosamente del cumplimiento, proclamando que el sufrimiento de Cristo es pasado y su sacrificio como cordero de Dios redime nuestros pecados. Nuestro antiguo enemigo, la muerte, ha sido desterrado.

Incluso el mundo creado (al menos para aquellos de nosotros en el hemisferio norte) testifica que ¡He aquí, el invierno ha pasado!" (cf. Cant 2,11). San Juan Crisóstomo, padre de la iglesia bizantina del siglo IV, reconoció esta armonía de la teología y el mundo natural en una homilía de Pascua, conectando la resurrección y las nuevas "rosas, violetas y otras flores" como signos que se refuerzan mutuamente del amor siempre renovado de Dios.

Sin embargo, las lecturas para el tiempo de Pascua demuestran que en lugar de invitar a los seguidores de Jesús a relajarse en una sensación de finalización, el Domingo de Pascua original los confrontó con un momento serio de *"¿Y ahora qué?"*. La resurrección sacudió suposiciones preexistentes y paradigmas cómodos, por lo que no es de extrañar que los seguidores de Jesús respondieran inicialmente con duda y miedo, confusión y debate. ¿Cómo podría esto ser verdad? ¿Qué quería decir? ¿Cómo iban a vivir sus vidas ahora? ¿Con quién se suponía que debían compartir esta buena noticia?

Más de dos mil años después, tenemos la sabiduría de teólogos, místicos, santos y maestros para informar nuestra fe. Pero todos los que buscan vivir el misterio de Pascua hoy es probable que encuentren esas preguntas todavía evocadoras. Cristo todavía pregunta: "¿Y ustedes, ¿quién dicen que soy yo?" (Marcos 8, 29), y todavía imploramos, "¿Qué tenemos que hacer . . . ?" (Hch 2, 37). Los miedos, las dudas, la confusión y los desafíos no han desaparecido; de hecho, nuestro mundo ofrece nuevos desencadenantes que son tan resonantes como los que enfrentaron los apóstoles.

Las lecturas del Tiempo Pascual nos llevan directamente al corazón del proceso en constante evolución de volvernos verdaderos discípulos. Su narración abarca unos treinta años, comenzando con la resurrección, a través de los cuarenta días en que Jesús se apareció y guio a los apóstoles, a su ascensión al cielo y el descenso del Espíritu Santo en Pentecostés, a través de las primeras persecuciones y martirios, a la conversión de Pablo, a través de viajes misioneros, y terminando con el arresto domiciliario de Pablo en Roma alrededor del año 60 d.C. ¡Esa es una gran cantidad de historia crucial de la iglesia para comprender en solo unas semanas!

Sin embargo, el drama de estos eventos y la perenne relevancia de los temas de las lecturas nos atraen, invitándonos a reclamar parentesco con Pedro, Esteban, Pablo y otros mientras nos maravillamos de su increíble fortaleza. A medida que recorremos este venerable camino en nuestra imaginación cada primavera, se nos anima a crecer un poco más en sabiduría cada año, a considerar cada vez más profundamente las preguntas clave sobre el llamado, sobre el perdón y la gracia, sobre el equilibrio de la rendición y la iniciativa, sobre la comunidad entre sí y la relación con lo divino, sobre la persistencia y el coraje.

Espero que estas reflexiones mejoren el camino pascual de este año para ti, ayudándote a utilizar este precioso tiempo no sólo para regocijarte, sino también para explorar, abrir y renovar el compromiso con tu propia vocación apostólica.

# REFLEXIONES

*17 de abril:*
*Domingo de Pascua de la Resurrección del Señor*

## Replanteamiento radical

**Lecturas:** Hch 10, 34a. 37-43; Col 3, 1-4 o 1 Cor 5, 6b-8; Juan 20, 1-9 o Lucas 24, 1-12

**Escritura:**
Porque hasta entonces no habían entendido las Escrituras, según las cuales Jesús debía resucitar de entre los muertos (Jn 20, 9)

**Reflexión:** Y así comienza este tiempo, cuando se nos anima: "alégrense y regocíjense" (cf. Salmo 117, 24), maravillándonos de la gracia de Dios, gloriándonos en una nueva alianza.

Hace varios años una mujer que había absorbido completamente ese espíritu nos felicitó a los músicos después de la Vigilia Pascual. "¡Qué hermoso!", exclamó. "Y apropiado. ¿Puedes imaginar la alegría de la primera mañana de Pascua, cuando encontraron la tumba vacía? ¡Desearía haber estado allí para celebrarlo!".

Bueno, no exactamente. Esa noche, el entusiasmo de la mujer había invadido su atención a las palabras exactas del Evangelio de Pascua.

Con el beneficio de la retrospectiva, podríamos juzgar sus respuestas como tristemente miopes en una ocasión que debería haber provocado alegría. Sin embargo, desde la perspectiva de la ciencia cognitiva, los apóstoles estaban reaccionando con bastante normalidad. Los investigadores nos dicen que los seres humanos siempre han operado en "esquemas". Los esquemas nos permiten predecir y funcionar mientras somos bombardeados con nuevos datos, algunos de los cuales pueden parecer "puros cuentos" (Lucas 24, 11).

Dos milenios después somos bendecidos con esquemas cristianos que nos permiten procesar la resurrección como "normal" a la luz del plan de Dios. Es la complacencia lo que amenaza con embotar nuestra respuesta; la narrativa es tan familiar que podemos entumecernos ante su improbable maravilla.

Así que es bueno, creo, que la historia de Pascua como está escrita nos recuerde cada año lo extraordinaria que fue y es la resurrección de Cristo desde una perspectiva humana. Esta sigue siendo una buena noticia con un borde, una buena noticia que invita perennemente a un replanteamiento radical.

**Meditación:** ¿Tus observancias cuaresmales te animaron a cambiar los patrones de pensamiento y comportamiento desgastados durante mucho tiempo? ¿Te ayudaron a sacudirte y salir de tu complacencia con respecto a tu fe? Si todavía te sientes "desinflado", considera cómo puedes invitar dentro de ti una "masa nueva" sana (cf. 1 Cor 5, 7-8): explorando formas alternativas de orar, leyendo libros espirituales, involucrándote en el ministerio parroquial.

**Oración:** Dios de amor, vigoriza mi fe con el espíritu de maravilla durante este tiempo pascual.

*17 de abril: Domingo de Pascua de la Resurrección del Señor*

*18 de abril: Lunes de la octava de Pascua*

## Promesas de la Misericordia

**Lecturas:** Hch 2, 14. 22-33; Mt 28, 8-15

**Escritura:**
"Derramaré mi Espíritu sobre cualesquiera que sean los mortales" (Hch 2, 17 [cf. Joel 3, 1])

**Reflexión:** Antes de buscar un mayor conocimiento de Hechos para este libro, nunca había pensado mucho en por qué todas esas personas de todas esas naciones simplemente se reunían en Jerusalén en el momento de Pentecostés. Resulta que habían venido por una razón: para celebrar la Fiesta de las Semanas, una fiesta de la cosecha que también conmemoraba la renovación de la alianza de Dios con el antiguo Israel.

Qué profundidad añade ese contexto a la escena relatada en la primera lectura de hoy, especialmente con respecto a la muchedumbre burlona que inicialmente descarta el efecto del Espíritu Santo como borrachera (Hch 2, 15). Pedro se apresura a recordarles que hablar en lenguas fue profetizado en el Antiguo Testamento, y luego les da el *golpe de gracia*: todos los presentes comparten la culpa en el asesinato del hijo de Dios.

"Se afligieron profundamente" (Hch 2, 37): el pueblo pierde abruptamente su engreimiento. ¿Quién podría esperar expiar una transgresión tan monumental? Pedro ofrece una respuesta sencilla: "Arrepiéntanse, y que cada uno de ustedes se haga bautizar . . . para que sus pecados sean perdonados. Entonces recibirán el don del Espíritu Santo" (Hch 2, 38).

"No tengan miedo", había dicho Cristo resucitado a sus apóstoles (Mateo 28, 10), animándoles a desprenderse del equipaje de la vergüenza y a abrazar un nuevo comienzo. En ese momento, Pedro estaba extendiendo la misma gracia a una multitud que anhelaba oírla, una multitud preparada para oírla por la ocasión que los había reunido: la conmemoración de la misericordia de Dios extendida de edad en edad a pesar del monumental y repetido pecado humano.

Había esperanza entonces. Hay esperanza ahora.

**Meditación:** ¿Qué te haría sentir "profundamente afligido" si conocieras a Cristo hoy? Lee pasajes de las Escrituras sobre la alianza de Dios y su renovación, incluyendo Génesis 9, 8-17, Éxodo 34 y las lecturas de la Vigilia Pascual de Isaías 54, 5-14 y Ezequiel 36, 18-28. Elige un pasaje corto que te hable especialmente, escríbelo y léelo cada mañana durante este tiempo santo.

**Oración:** Tú eres mi refugio y mi esperanza, Señor. Ayúdame a descansar en tu fiel alianza.

*19 de abril: Martes de la octava de Pascua*

## Amabilidad recibida y ofrecida

**Lecturas:** Hch 2, 36-41; Jn 20, 11-18

**Escritura:**
La tierra llena está de sus bondades (Salmo 32, 5)

**Reflexión:** El Evangelio de hoy nos hace volver a la tumba vacía, donde María Magdalena se convierte en la primera persona que se encuentra con Cristo resucitado, una circunstancia, ciertamente, de asombro.

Sin embargo, debo admitir que la narración de Juan, en la que María confunde inicialmente a Jesús con un jardinero, siempre me ha inspirado personalmente no sólo asombro, sino también disgusto por lo diferentes que podrían haber sido mis acciones de las de la agraciada María. Habiendo crecido en una metrópolis del este donde la gente es notoriamente corta con los demás, soy habitualmente impaciente, incluso cuando juro repetidamente que me reformaré, e incluso después de décadas en el relajado Oeste entre montañas. Estoy razonablemente segura de que, dado el cúmulo de circunstancias estresantes a las que se había enfrentado María, esta última gota de agua de no poder encontrar el cuerpo de Jesús *no* me habría inspirado a llamar gentilmente al personaje "Señor", sino a reprenderlo con ira acusadora. Qué horror habría sido, un momento después, ¡darse cuenta de que acababas de ser increíblemente grosera con tu Señor resucitado!

Las identificaciones populares de María como prostituta son meras leyendas, pero no hace falta una conmovedora historia de redención para entender por qué María podría haber estado predispuesta a la humildad y la bondad incluso bajo una coacción extraordinaria. Al fin y al cabo, Jesús le había dispensado una notable bondad al aceptarla entre sus seguidores más cercanos. Había sido testigo en repetidas ocasiones de su caridad y dulzura con los demás y le había oído afirmar que la esencia de Dios era el amor.

La bondad, después de todo, es contagiosa. ¡Qué oportuna es la respuesta de María en esta primera muestra del Señor resucitado, que atestigua el poder del ejemplo amoroso de Cristo!

**Meditación:** Recuerda cómo la bondad ha tocado tu vida. ¿Te han ofrecido los extraños o los amigos amor y consuelo humanos? ¿Te ha llevado Dios a un lugar, un trabajo, una relación que te ha proporcionado una gran alegría? Ahora reflexiona sobre los momentos en los que te ha resultado difícil ser amable con los demás. ¿Qué tiende a provocar que seas menos caritativo? ¿Cómo podrías recordar y hacerte eco del amor divino en tales circunstancias?

**Oración:** Dios amoroso, ayúdame a verte en todos los "jardineros" cuyos caminos se cruzan con el mío.

*19 de abril: Martes de la octava de Pascua*

*20 de abril: Miércoles de la octava de Pascua*

## Conocimiento intuitivo

**Lecturas:** Hch 3, 1-10; Lc 24, 13-35

**Escritura:**
Lo habían reconocido al partir el pan (Lc 24, 35)

**Reflexión:** Siempre he creído profundamente en el poder de las palabras. Como niña solitaria y soñadora, los libros me ayudaron a imaginar un mundo más amplio y rico. Como profesora de inglés, vi cómo las palabras guiaban a otros jóvenes mientras crecían en comprensión y simpatía. Como escritora, vivo de las palabras. Sin embargo, desde que me convertí en terapeuta de masajes para enfermos terminales (trabajo que he asumido en mis años de jubilación), he adquirido una nueva apreciación del profundo poder de la comunicación no verbal. Las palabras suelen fallar cuando las personas están atrapadas en la demencia o están tan enfermas que no pueden hablar. Sin embargo, algunos de los pacientes aparentemente más alejados se ponen menos ansiosos al ser tocados por manos compasivas, y reflejan el amor y la gratitud de vuelta con un apretón de manos o una sonrisa, acciones sencillas que encierran mundos de significado.

El relato de Emaús incluye ciertamente un montón de palabras por parte de los discípulos. En el camino, estos desvergonzados (y bastante despistados) le dicen a Jesús todo lo que siempre quiso saber sobre su propia muerte y resurrección. Sólo más tarde, en la mesa, lo reconocen, gracias a un gesto cotidiano que lo dice todo: la fracción del pan, que los discípulos han visto hacer a Cristo antes y que evoca muchas de sus enseñanzas pasadas ("Yo soy el pan de la vida", Jn 6, 35; "Esto es mi cuerpo, que es entregado por ustedes", Lc 22, 19). El gesto también es rico en implicaciones sobre el amor permanente del salvador resucitado hacia ellos, ya que evoca la hospitalidad, la comunidad y las bendiciones.

Las palabras pueden ser útiles y edificantes, sin duda. Sin embargo, nunca debemos olvidar que algunos de los misterios más profundos y magníficos los desafían.

**Meditación:** En nuestra cultura hiperracional e hiperverbal, los momentos de comprensión y conexión sin palabras y simpatéticos tienden a devaluarse en comparación con la comprensión razonada. Para crear el hábito de notar y celebrar este otro lado de la comunicación humana (y divina-humana), comparte con un amigo de confianza historias de momentos en los que hayas disfrutado del conocimiento intuitivo, e invita a tu amigo a compartirlo también. Maravíllense juntos de cómo estamos maravillosamente hechos (cf. Salmo 139, 14), para disfrutar de esta bendita capacidad.

**Oración:** Dios de los signos y de las palabras, abre mis ojos a tu visión vivificante, sea cual sea la forma en que se ofrezca.

*21 de abril: Jueves de la octava de Pascua*

## Solidaridad con el Cristo sufriente

**Lecturas:** Hch 3, 11-26; Lc 24, 35-48

**Escritura:**
"Miren mis manos y mis pies. Soy yo en persona" (Lc 24, 39)

**Reflexión:** Tradicionalmente, los reyes se distinguen por sus elaboradas vestimentas, y los mesías son reconocidos por su capacidad de triunfar sobre la opresión. Sin embargo, cuando Cristo resucitado se presenta ante sus discípulos reunidos, su identificación como rey y mesías definitivo se ve confirmada por sus heridas, consecuencia de un aparente fracaso terrenal.

Aunque pueda parecer una forma extraña de identificar a un líder, es totalmente adecuada en el contexto de Jesús. Para confirmar la resurrección del cuerpo, los discípulos deben ver un cuerpo concreto e identificable. Este enfoque en el quebrantamiento también subraya que Jesús es un tipo diferente de mesías y salvador, el Cordero de Dios sufriente, cuyo sacrificio libera a los seguidores no de la opresión terrenal, sino del pecado. Este es un tipo de triunfo diferente.

Sin embargo, qué desajustado parece este salvador herido desde la perspectiva del pensamiento de la cultura popular moderna, que enmarca a Dios como una especie de Santa Claus: si queremos (o no queremos) algo, ¡sólo tenemos que pensar en positivo e insistir a Dios lo suficiente! Pero eso es una tontería, por supuesto. Nadie conseguirá todo lo que desea en esta vida mortal. Algunos estarán oprimidos por la pobreza, el desastre, la enfermedad, la persecución; incluso los privilegiados perderán a sus seres queridos y se enfrentarán a los efectos del envejecimiento. ¡Cuánto más sombrías serán esas experiencias si nos han enseñado a entenderlas como signos de fracaso espiritual!

El cuerpo roto de Jesús nos recuerda que servimos a un rey que fue él mismo "hombre de dolores y familiarizado con el sufrimiento" (Is 53, 3). Nuestro sufrimiento no es un indicador evidente de que esté insatisfecho con nosotros. Es una condición que nos une aún más a nuestro Señor crucificado y resucitado.

**Meditación:** ¿Qué pruebas y heridas soportas? ¿Te han hecho sentir menos digno o te han alejado de Dios? En la meditación o en un diario, explora cómo pueden estar invitándote a una mayor solidaridad con Cristo. Tal vez te estén atrayendo hacia una mayor compasión por los demás o estén profundizando tu sed de redención.

**Oración:** Ayúdame, Cordero de Dios, a encontrar en mi propio sufrimiento una ocasión para acercarme a ti.

## 22 de abril: Viernes de la octava de Pascua

## Llamados a pensar en grande

**Lecturas:** Hch 4, 1-12; Jn 21, 1-14

**Escritura:**
Así lo hicieron, y luego ya no podían jalar la red por tantos pescados (Jn 21, 6)

**Reflexión:** Si alguna vez has dado clases, probablemente te hayas encontrado con alumnos atrapados en el hábito de "pensar en pequeño". Aunque su potencial sea considerable, están demasiado dispuestos a imponer limitaciones a sus propios horizontes, ya sean niños de kínder que protestan "¡no puedo hacer esto!" o estudiantes universitarios que gravitan hacia clases notoriamente fáciles o profesionales en talleres de formación continua que se resisten al cambio.

Aunque estas actitudes pueden ser tachadas de pereza, es importante recordar que también pueden ser el resultado de mensajes arraigados sobre la capacidad. Si una persona escucha desde la infancia que, por su clase social, género, raza o cualquier otra razón, no es capaz de hacer algo, esas palabras pueden convertirse en una profecía autocumplida.

Como humildes campesinos pescadores, Pedro y los demás apóstoles habrían sido criados con un sentido muy modesto de sus propios horizontes. Sin embargo, no mucho después de la muerte de Cristo, estos pescadores se encontraron realizando hazañas asombrosas y hablando públicamente con gran convicción. Como para facilitarles la entrada, el primer indicio de lo que les esperaba se comunicó en el entorno familiar de su ocupación. ("¿Entienden? Repiensen a lo grande", me imagino a Jesús diciendo mientras desembarcaban ese exageradamente gigantesco botín de peces). Las cosas progresaron rápidamente hasta llegar a curaciones asombrosas y a una cosecha de 5,000 almas.

"Para Dios todo es posible", les había dicho Jesús (Mt 19, 26). Y en esas primeras semanas posteriores a la resurrección, el significado antes inimaginable de esas palabras empezó a calar.

Recordando el florecimiento de los apóstoles, levantémonos también con confianza cuando Dios nos llame a un servicio que parece estar más allá de nuestras capacidades, cuando oigamos la voz de Dios susurrando: "¡Piensa en grande! Estoy contigo".

**Meditación:** ¿Qué mensajes sobre ti mismo te han desanimado a la hora de atender la llamada de Dios a un tipo de servicio concreto a lo largo de los años? ¿Sientes que eres una persona demasiado tímida o inarticulada, falta de conocimientos o de habilidades específicas? Confía en que si la llamada es auténtica, Dios proporcionará los dones necesarios. Busca la orientación, el estímulo y la orientación de otras personas dedicadas a ese ministerio.

**Oración:** Oh Dios, ayúdame a superar las dudas y a levantarme para hacer tu voluntad, confiado en tu amor.

*23 de abril: Sábado de la octava de Pascua*

## Manifestar un testimonio alegre

**Lecturas:** Hechos 4, 13-21; Marcos 16, 9-15

**Escritura:**
"Nosotros no podemos dejar de contar lo que hemos visto y oído" (Hch 4, 20)

**Reflexión:** Los "predicadores callejeros" de hoy en día suelen actuar a través de los medios de comunicación o de Internet y no en los cruces físicos, pero tratan de transmitir la misma impresión que aquellos antiguos que abordaban agresivamente a los transeúntes. Han sido sobrecogidos por el Espíritu, nos quieren hacer creer, ¡no pueden evitar dar testimonio!

Sin embargo, hay muchas formas de "hablar", como nos recuerda la primera lectura de hoy. Bajo la influencia del Espíritu Santo, los discípulos dirigen su ministerio en el mercado con un "milagro evidente" (4, 16) en lugar de una exhortación formal: una elección estratégica. Curar a un hombre que había estado lisiado toda su vida y que salta alabando a Dios en un lugar muy público, ciertamente llama la atención de la gente —más que cualquier palabra de estos hombres "sin ninguna instrucción" podría (4, 13).

A lo largo de los siglos, numerosos cristianos han optado por hacer su predicación a través de sus obras, como Pedro Claver, que atendía a los leprosos, y Maximiliano Kolbe, que murió en Auschwitz en lugar de otra persona.

De hecho, probablemente conozcas a alguien que evangeliza con acciones. Yo conozco gente así: una mujer de cierta edad, una empleada contable sin formación teológica que pone en práctica su vibrante fe todos los días. Al igual que los discípulos de la Puerta Hermosa, ella dirige con milagros, aunque los suyos son ciertamente más modestos. Ayuda a que los recién llegados a nuestra parroquia se sientan tan bienvenidos que pronto se involucran en los ministerios; ella alivia los espíritus maltrechos de los que asisten a los funerales en los que canta. Tímida a la hora de hablar (pero menos tímida a la hora de cantar) en público, manifiesta sin embargo el espíritu resplandeciente que hay en ella, llevando a muchos de vuelta a Dios.

No tenemos que gritar y coaccionar para difundir la buena noticia. Si los demás son testigos del poder del amor que nos anima, es probable que también quieran algo de eso.

**Meditación:** ¿A quién conoces que manifieste regularmente su alegría por el Evangelio con sus obras? Presta atención a cómo, cuándo y dónde lo hace. Vuelve a dedicarte a "hablar" de tu deleite en Dios a través de tus acciones, y toma prestadas sus tácticas.

**Oración:** Reaviva mi fe en este tiempo de Pascua, oh, Espíritu Santo, para que cada día pueda dar un testimonio activo de la gloria de Dios.

*24 de abril: Segundo domingo de Pascua*
*(Domingo de la Divina Misericordia)*

## Compartir nuestra vulnerabilidad

**Lecturas:** Hch 5, 12-16; Apoc 1, 9-11a. 12-13. 17-19; Jn 20, 19-31

**Escritura:**
Se presentó Jesús en medio de ellos y les dijo: "La paz esté con ustedes" (Jn 20, 26)

**Reflexión:** Cientos de evacuados se reunieron en el Ayuntamiento para informarse el día después de que un incendio forestal de 2012 devastara mi barrio en la montaña. Alimentado por vientos de 40 millas por hora y temperaturas de 95 grados, el fuego consumió 66 casas, dejando otras (incluida la mía) intactas como islas en un desierto de enebros ennegrecidos y chimeneas desnudas en medio de montones de escombros que habían sido casas. La conmoción y el dolor compartidos rompieron las barreras esa noche. El médico altivo consoló a la mujer con cinco hijos y sin seguro; el científico de fama mundial se compadecía del trabajador ferroviario jubilado.

Las barreras sociales también fueron desechadas en aquel día de hace siglos en el pórtico de Salomón relatado en Hechos 5. Cuando se corrió la voz del poder sanador de Pedro y los catres llenaron la calle, las enfermedades mentales y físicas se hicieron muy públicas. Pero no desesperantes.

Como los que sufrían se habían atrevido a reconocer su necesidad, pudieron ser curados.

Al sentarnos en la iglesia el domingo de la Divina Misericordia, es probable que seamos mucho más cautelosos con nuestras vulnerabilidades. Sólo compartimos con amigos de confianza nuestras noticias sobre diagnósticos, preocupaciones económicas, soledad, desavenencias, adicción y depresión. Sin embargo, todos llevamos cargas, incluso esa hermosa familia católica "perfecta" del segundo banco, incluso el diácono y el sacerdote, incluso los músicos como yo que cantan con tanta confianza (no hay otra forma de cantar) delante de Dios y de todos.

¡Ojalá pudiéramos encarnar la misericordia de Dios entre nosotros!

**Meditación:** Hoy celebramos la misericordia divina como un don puro de gracia inmerecida, que fluye libremente desde el corazón de Jesús. La mayoría de nosotros, sin embargo, tendemos a poner condiciones a la misericordia que dispensamos a los demás, y nos resistimos a reconocer nuestra vulnerabilidad porque tememos el juicio de los demás. La próxima vez que sientas que alguien está sufriendo, invita a compartir y dedícate a escuchar y consolar con simpatía y sin juzgar, sabiendo que un problema compartido puede ser un problema reducido a la mitad.

**Oración:** Concédeme el coraje, Dios misericordioso, de ir más allá de la vigilancia y entrar en la comunión amorosa.

*25 de abril: San Marcos, evangelista*

## Crecer en coraje

**Lecturas:** 1 Pe 5, 5b-14; Mc 16, 15-20

**Escritura:**
Dios, que es la fuente de todos los bienes . . . los restaurará a ustedes, los afianzará, fortalecerá y hará inconmovibles . . . (1 Pe 5, 10)

**Reflexión:** Una década antes de convertirme al catolicismo, enseñaba en un instituto católico llamado San Marcos, cerca de Wilmington, Delaware. La mascota de la escuela era un león alado (como se representa simbólicamente a San Marcos en el arte), una imagen que me parecía especialmente gloriosa, sobre todo en contraste con las mascotas de mis propios años de escuela secundaria. El efecto inspirador del emblema de mi alma mater, el oso, se había visto decididamente empañado por los pequeños y tímidos representantes de esa especie en nuestro suburbio. La mascota de nuestro archienemigo no había ofrecido ninguna potencia: los Sombreros de Hatboro (¿en serio?). Qué tradición la del catolicismo, ¡la de ofrecer símbolos tan exaltados y modelos de poder!

Sin embargo, años más tarde, mientras escribía un libro sobre los santos, me enteré de que, aunque la tradición exalta mucho al San Marcos maduro (poderoso apóstol, obispo de Alejandría, mártir), algunos comentaristas asocian a Marcos en la juventud con las figuras "cobardes" del Nuevo Testamento: el joven sin nombre que se despojó de su manto y huyó desnudo de Getsemaní (Marcos 14, 51-52), y Juan Marcos que abandonó a Pedro y Bernabé cuando las cosas se pusieron difíciles en un viaje misionero (Hch 15, 37-38). Si estas identificaciones son correctas, el joven Marcos no era un león sino un conejo.

A primera vista, esta identificación parece una caída decepcionante. Sin embargo, podría decirse que esta historia de fondo puede convertir a Marcos en un modelo *más* útil e identificable. Al fin y al cabo, pocos nacemos siendo leones alados; nos asustamos, renunciamos y decepcionamos. Sin embargo, si aprendemos a decir "Hágase tu voluntad", Dios puede obrar en nosotros maravillas poderosas y gloriosas, proporcionando resolución a los tímidos, incluso inspirando valor a los cobardes.

Al fin y al cabo, es él quien suministra las alas.

**Meditación:** Aprender a confiar en Dios, a atender su llamada y a caminar en situaciones difíciles cuando nuestros instintos nos instan a huir, ciertamente no es fácil. ¿Cuándo has huido, temeroso y decidido a salvarte? ¿Qué circunstancias te intimidan ahora? Inspírate en las historias de santos como Marcos, que aprendieron, tras unos comienzos imperfectos y nerviosos, a confiar en que Dios los "restaurará . . . afianzará, fortalecerá y hará inconmovibles".

**Oración:** Permíteme vivir mi vida con valentía, oh Dios, confiando con seguridad en tu poder fiel.

*26 de abril: Martes de la segunda semana de Pascua*

## Compartir desinteresadamente los recursos

**Lecturas:** Hch 4, 32-37; Jn 3, 7b-15

**Escritura:**
Nadie consideraba suyo nada de lo que tenía . . . (Hch 4, 32)

**Reflexión:** Hechos 4 es claro: los primeros cristianos "todo lo poseían en común" (vers. 32) y distribuían sus riquezas y propiedades "según lo que necesitaba cada uno" (vers. 35). Sin embargo, pronto ese modo de vida desapareció de la historia de la Iglesia, monasterios y comunidades utópicas aparte. Esta evolución podría sugerir que compartir todo con los demás no es práctico para la mayoría de la gente a largo plazo; somos una especie innatamente auto protectora, con tendencia al gorroneo y al sentimiento de agravio.

Sin embargo, aquellos primeros cristianos también eran humanos, acosados (como nos dice el Nuevo Testamento) por rivalidades, celos y tentaciones, igual que nosotros. Y disponían de menos recursos. ¿Y cómo lo hicieron? Tal vez se tomaron a pecho la garantía de Jesús de que Dios les proporcionaría todo lo que necesitaran, al igual que hizo con las aves del cielo (Mt 6, 25-34). Tal vez el ejemplo de los apóstoles que viajaban liviano los sostenía. Tal vez, previendo una segunda venida inminente, se dijeron simplemente que podían hacer cualquier cosa durante un tiempo.

Lo que sí sé es que estas primeras comunidades cristianas nos llaman la atención cada vez que nuestras manos agarran convulsivamente un recurso que parece escaso (¡es mío!) en lugar de compartirlo con los demás. En este momento, mi recurso más escaso es el tiempo, y ayer mismo postergué a alguien que necesita mis cuidados. "Quizá el próximo fin de semana", le dije.

Sin embargo, mientras escribo al amanecer de este martes, me encuentro imaginando cómo sería actuar como si realmente creyera que Dios sabe lo que necesito —un nuevo aliento, más energía— y me lo proporcionará.

Le mando un correo electrónico: "Te veré esta noche a las cinco", respirando hondo y deseando que mis manos se abran.

**Meditación:** Considera la posibilidad de dar de un recurso no monetario que consideres ya limitado en tu vida. Tal vez sea el tiempo; tal vez sea la energía emocional. ¿Puedes ofrecer descansos de alivio a un cuidador de un cónyuge con demencia? ¿Puedes dedicar tiempo a ayudar a otros a preparar los impuestos o a cuidar el jardín de la parroquia? El compartir desinteresadamente puede hacer que una comunidad eclesial se sienta como una familia.

**Oración:** Sostenme con lo que necesito, Espíritu Santo, mientras comparto mis dones con los demás.

*27 de abril: Miércoles de la segunda semana de Pascua*

## Rectificar el camino

**Lecturas:** Hch 5, 17-26; Jn 3, 16-21

**Escritura:**
Pero durante la noche, un ángel del Señor les abrió las puertas [de la cárcel] . . . (Hch 5, 19)

**Reflexión:** "Me quedé helada cuando recibí la llamada". Mi amiga sonríe, recordando brillantemente su antigua alegría. "Había estado tratando de meterme en la cabeza el hecho de que tal vez nunca ocurriera, obsesionándome con las alternativas, pero sin que se me ocurriera nada. Estaba de luto, pero de luto prematuro, como resultó". Hacía tiempo que soñaba con trabajar en el Cuerpo de Paz, pero en aquella época idealista se habían presentado tantos jóvenes que la habían puesto en la lista de espera y le habían dicho que no se hiciera ilusiones. Había pasado mucho tiempo. Entonces sonó el teléfono y se vio inmersa en un torbellino de preparación para un destino en una escuela primaria rural africana, trabajo que le inspiró una vocación de por vida.

Cuando Isaías dice "Abran el camino a Yavé" (una advertencia que Juan Bautista repite en Juan 1, 23), está instruyendo a los humanos para que faciliten la obra de Dios. A veces, sin embargo, el Señor interviene graciosamente para enderezar *nuestros* caminos, eliminando obstáculos aparentemente fuertes de forma notablemente oportuna. Esta obra de Dios está atestiguada por la primera lectura de hoy, así como por la vida de muchos santos, el ejemplo de mi amiga y, sin duda, tu propia experiencia.

Qué gloriosa se siente la nueva empresa cuando eso ocurre, a menudo más gloriosa que si el obstáculo no hubiera aparecido nunca. En esos momentos la gracia de Dios se siente muy personal, y el camino antes bloqueado parece un regalo increíble, casi inconcebible.

Me imagino que los apóstoles debieron sentirse de forma similar, "saltarás de gusto", como dice el salmo de hoy (33, 6) y se sintieron cada vez más confirmados en su propósito cuando salieron de la cárcel para enseñar en la zona del templo, brillando con una fe contagiosa.

**Meditación:** Reserva hoy un tiempo para recordar y celebrar un momento en el que Dios te haya abierto una puerta. Refresca tu sentido de la alegría y el asombro repitiendo los recuerdos detallados de tu frustración y tristeza iniciales, del momento en que el obstáculo se desvaneció, de la gracia que sentiste al empezar y de las cosas buenas que han resultado.

**Oración:** Te alabaré, Señor, porque me has rescatado.

*28 de abril: Jueves de la segunda semana de Pascua*

## Decir la verdad con valentía y sus frutos

**Lecturas:** Hch 5, 27-33; Jn 3, 31-36

**Escritura:**
"Primero hay que obedecer a Dios y luego a los hombres" (Hch 5, 29)

**Reflexión:** ¡Cuánto ha avanzado Pedro en la primera lectura de hoy desde el hombre temeroso que negó a Jesús tres veces! ¡Qué diferentes son los apóstoles de los hombres que se esconden tras después de la crucifixión! Ya no temen ser castigados por estar identificados con Jesús, sino que se presentan valientemente ante la corte suprema, fortalecidos por los encuentros con el Señor resucitado y el descenso del Espíritu Santo en Pentecostés. Ejemplificando la justa desobediencia civil, afirman su responsabilidad de decir la verdad de Jesús, desafiando al Sanedrín.

El Sanedrín, un consejo de ancianos que gobernaba, era un tribunal supremo, la autoridad final de la ley judía, tanto civil como religiosa. El consejo era poderoso, y desafiar su autoridad podía ser peligroso. Sin embargo, los apóstoles desafiaron a esta poderosa asamblea con una valentía que prefiguraba no sólo su propio martirio, sino el de las generaciones de mártires venideras. Este es el coraje ante el cual los cristianos comunes y corrientes sólo podemos estar asombrados.

En el mundo actual estamos bombardeados por personas que reclaman el papel de heroicos proclamadores de la verdad que desafían un orden corrupto, francos de todo el espectro político. Se nos desafía a evaluar cuáles de ellas obedecen a Dios ("obedecer" en hebreo también significa "escuchar") y cuáles nos llevarán por el camino equivocado.

Afortunadamente ahora, como hace dos mil años, las propias palabras de Jesús ofrecen una guía: "Ustedes los reconocerán por sus frutos" (Mt 7, 16). ¿Promueve el orador en última instancia el amor al prójimo, el servicio a los pobres, el perdón, la humildad personal ante Dios? ¿Su vida refleja estos principios?

Si no es así, la "verdad" que se cuenta no es la Buena Nueva de los apóstoles.

**Meditación:** Lee las palabras y las historias de vida de los valientes que han hablado públicamente ante el peligro personal (quizás Óscar Romero, Martin Luther King Jr. o Mahatma Gandhi). Deja que te inspiren y que te proporcionen modelos para decir la verdad que sean eficaces y acordes con los principios del Evangelio. ¿Qué verdad necesaria se te está tal vez llamando a contar? ¿Quién necesita oírla? ¿Qué frutos potenciales podría dar esa narración?

**Oración:** Ayúdame, Jesús, a ser valiente al hablar por ti y a discernir al sopesar las palabras de los demás.

*28 de abril: Jueves de la segunda semana de Pascua*

## 29 de abril:
### Santa Catalina de Siena, virgen y doctora de la Iglesia

## De lo poco, lo mucho

**Lecturas:** Hch 5, 34-42; Jn 6, 1-15

**Escritura:**
"Aquí hay un muchacho que trae cinco panes de cebada y dos pescados. Pero, ¿qué es eso para tanta gente?" (Jn 6, 9)

**Reflexión:** "Es maravilloso que la visites", le digo a un ministro del hospital parroquial a la salida de la habitación de una anciana. "A ella le encanta tu compañía".

Ella protesta, diciendo que siente que aporta muy poco: sólo conversación y compañía dos veces por semana. "Ojalá pudiera ayudarla como tú", dice ella. "Su cuello rígido siempre está mucho mejor después de los masajes, y siente que sus latidos y su respiración se alivian, y duerme mejor después de que vienes".

Agito la cabeza, sonriendo con tristeza, porque últimamente he estado imaginando que solo hago una diferencia patéticamente pequeña en comparación con los enfermeros y enfermeras de cuidados paliativos que son mis compañeros de trabajo. Pensándolo bien, es probable que también tengan días en los que envidien los talentos particulares de otros enfermeros y médicos, o incluso que deseen, de vez en cuando, que sus apretadas agendas les permitan ofrecer los tipos de consuelo más pausados que pueden ofrecer los ministros del hospital y los masajistas de los hospicios.

El hecho es que cada uno de nosotros aporta habilidades específicas y particulares a este negocio de hacer la obra de Dios en el mundo: talentos que individualmente pueden parecer muy pequeños, pero que juntos dan ricos resultados.

Las lecturas de hoy muestran a Dios multiplicando repetida y magníficamente el alcance de los esfuerzos de los individuos. Oímos hablar de los apóstoles, cuyo testimonio difundió la fe a miles de personas, y del muchacho junto al mar de Galilea, ¡cuya modesta ofrenda se convirtió prácticamente en un supermercado lleno de provisiones! Son historias para recordar, de hecho, en esos días en los que nos sentimos desanimados por la escasez de nuestras propias contribuciones.

Al fin y al cabo, Cristo lleva mucho tiempo en el negocio de hacer mucho con poco.

**Meditación:** Recuerda a alguien cuyo servicio puede parecer modesto, pero que alimenta a los demás de forma extraordinaria. Reza para obtener la gracia de animar y alegrar a esa persona, y escribe una nota de agradecimiento en la que describas la contribución con detalle (¡los pequeños ejemplos se quedan realmente con la gente!).

**Oración:** Cristo misericordioso, haz que nunca olvide que estás deseando multiplicar mis dones. Permíteme que te los ofrezca con confianza.

*30 de abril: Sábado de la segunda semana de Pascua*

## Compartir la autoridad

**Lecturas:** Hch 6, 1-7; Jn 6, 16-21

**Escritura:**
Todos estuvieron de acuerdo . . . (Hch 6, 5)

**Reflexión:** Los miembros de la nueva comunidad cristiana no sólo compartían las posesiones; sus líderes también compartían la autoridad, un fenómeno quizás aún más raro. Lo más típico es que los que están en la cima tiendan a gobernar de forma absoluta, impulsados por el deseo de poder y la sensación de que saben lo que es mejor. Alguien tiene que estar al mando, se sabe que los que dirigen protestan cuando, en modo crisis, apretamos las riendas (pregúntame cómo lo sé).

En la primera lectura de hoy, los Doce se enfrentan a su propia crisis. Las tensiones estallan en torno a la caridad concedida a las viudas, una cuestión muy simbólica y sensible dada la mezcla de creyentes judíos y gentiles de la comunidad. Para que el centro se mantenga, los líderes no pueden parecer que favorecen a los de su propia tradición, ni pueden parecer que privilegian a los conversos.

La solución parece directamente inspirada por el Espíritu Santo, afirmando el ethos del amor y el respeto mutuos, tan centrales en el cristianismo. Los apóstoles delegan, dando a todos la posibilidad de elegir a personas de entre ellos para aliviar el problema. Sin duda, el tamaño de la comunidad favorece la existencia de múltiples puntos de vista, pero llegan a una decisión. Al ratificar la elección de siete creyentes con una bendición, los apóstoles subrayan implícitamente que un Dios amoroso debe ser el punto de referencia para cualquier acción.

No es de extrañar que la causa del cristianismo prosperara y "se multiplicaba grandemente el número de los discípulos" (6, 7), dada la ausencia de un líder-ego representado en esta resolución. Los Doce dieron un ejemplo acorde con lo que proclamaban: la sabiduría del Espíritu Santo vive en todos los creyentes, por lo que a todos se les debe ofrecer una voz como hijos de Dios.

**Meditación:** Los puestos de liderazgo vienen en todas las formas y tamaños, desde dirigir naciones y municipios; a la supervisión de empresas, organizaciones no lucrativas y departamentos; a presidir comités más pequeños; a influir en los clubes y grupos informales de amigos; a la organización y el cuidado de los miembros de la familia. Elige un entorno en el que seas líder y haz una revisión honesta de tu práctica. ¿Dónde podrías mejorar el sentido de comunidad y honrar la presencia de Dios en los demás escuchando y colaborando?

**Oración:** Ayúdame a ser el tipo de líder, oh Dios, que comparte la autoridad de buena gana y con amor.

*30 de abril: Sábado de la segunda semana de Pascua*

*1 de mayo: Tercer domingo de Pascua*

## La culpa y la gracia

**Lecturas:** Hch 5, 27-32. 40b-41; Apoc 5, 11-14; Jn 21, 1-19

**Escritura:**
"Sí, Señor, tú sabes que te quiero" (Jn 21, 15)

**Reflexión:** Me creía una cuidadora criminalmente inepta cuando mi marido joven se estaba muriendo de cáncer hace veinte años. A pesar del profundo amor y de las fervientes intenciones, mis palabras, mis actos y mi comportamiento nunca parecían correctos. Después de su muerte, la culpa se transformó en autodesprecio y depresión. Otros saben instintivamente lo que hay que hacer, pero tú has fallado. Una noche, en un sueño, me encontré con mi amado en el más allá y me dio la espalda.

Sólo el año pasado, hablando en una conferencia para cuidadores familiares, me di cuenta de la insensatez de adoptar esta forma de pensar destructiva. Al escuchar las historias de cientos de personas que fueron llamadas a servir a sus seres queridos enfermos, discapacitados y moribundos, me di cuenta de que no había nada inusual en mis cuidados, ni en mi culpabilidad. Todos los asistentes estaban igualmente convencidos de haber sido el/la peor cuidador/a del mundo. Todo el mundo luchaba contra la vergüenza por infracciones menores e involuntarias.

El Evangelio de hoy, con su historia de increíble perdón, ofrece una brillante esperanza para todos aquellos cuyas vidas están arruinadas por la sensación de haber defraudado a otro.

La traición de Pedro fue de un grado totalmente diferente al de los torpes descuidos de un cuidador, ya que implicó tres negaciones voluntarias en la víspera de la crucifixión. Así, cuando más tarde se precipita al encuentro de Cristo resucitado en la orilla, su alegría debió de mezclarse con al menos cierta aprensión. ¡Si es que un momento merecía una vuelta atrás! Sin embargo, en lugar de castigar, Jesús "rebobina" con suavidad y firmeza las negaciones de Pedro de una forma casi ritual y purgativa. Invita a tres afirmaciones públicas de amor, plegando a Pedro a una relación continua con las admoniciones de "Apacienta mis ovejas" y "Sígueme" (21, 17. 19).

Sospecho que no soy la única persona que está de luto por un ser querido y que ha llorado cuando llega esta lectura, que ha soñado con que esa gracia se extienda también a mí.

**Meditación:** ¿De qué te arrepientes con respecto a tu conducta pasada hacia los demás, que no se puede arreglar debido a su fallecimiento? ¿Se han pronunciado o dejado de pronunciar palabras tontamente? ¿Qué acciones hechas o dejadas de hacer te persiguen? Medita sobre la experiencia de Pedro en un lugar tranquilo, pidiendo perdón a Dios y a tu ser querido, y pidiendo la gracia de perdonarte a ti mismo.

**Oración:** Cristo misericordioso, ayúdame a superar la culpa y a escuchar tu llamada a un nuevo servicio.

*2 de mayo: San Ambrosio, obispo y doctor de la Iglesia*

## Belleza inspirada por Dios

**Lecturas:** Hch 6, 8-15; Jn 6, 22-29

**Escritura:**
Su rostro les pareció . . . como el de un ángel (Hch 6, 15)

**Reflexión:** Nadie habría dicho que era físicamente bella, aquella monja anciana que se convirtió en mi amiga durante el verano más difícil de mi vida. En un retiro en un convento benedictino como nueva viuda, se me había concedido asesoramiento diario con una hermana perspicaz y altamente cualificada, y pasé muchas horas en una biblioteca consultando libros sobre la muerte, el dolor y la espiritualidad. Sin embargo, en retrospectiva, el bálsamo más profundo y bendito vino de la hermana Dorothy, una anciana jardinera de fe sencilla.

Diminuta, enjuta, con el rostro marcado por una hendidura congénita en el paladar, hablando con el fuerte acento alemán de su infancia, Dorothy se acercó a mí en el comedor aquella primera noche como si hubiera sido dirigida divinamente. "Siéntate conmigo", insistió. Cuando descubrió que yo también amaba la jardinería, me invitó a trabajar junto a ella por las tardes entre las frambuesas, las flores y las hierbas. Esa distracción física unida a la paciente presencia de Dorothy para escuchar demostró ser exactamente lo que necesitaba, y cuando volvía al retiro cada verano, la visión de ella se sentía como la aprehensión de un ángel.

De joven, a Dorothy se le había negado la entrada en otro convento a causa de su rostro imperfecto. De forma tan concluyente, aquellos rígidos perfeccionistas habían perdido todo el sentido de la vida comunitaria.

No sabemos cómo era realmente Esteban, pero eso no importa; lo que importa es que los creyentes lo vieron como teniendo el rostro de un ángel, gracias a la presencia radiante del Espíritu Santo en su alma resplandeciente.

Seamos sabios, capaces de reconocer y responder a la belleza inspirada por Dios en las personas que encontramos, sea cual sea su aspecto.

**Meditación:** ¿Quiénes han sido los ángeles de tu vida, los dotados de belleza de inspiración divina, los que Dios empleó para apoyarte y consolarte? Reza en acción de gracias pidiendo la bendición de sus vidas y considera cómo podrías imitar sus acciones y su espíritu cuando te encuentres con alguien necesitado.

**Oración:** Padre celestial, concédeme la gracia de convertirme en un hermoso testigo de tu amor para los demás.

*3 de mayo: Santos Felipe y Santiago, Apóstoles*

## Los límites de la comprensión humana

**Lecturas:** 1 Cor 15, 1-8; Jn 14, 6-14.

**Escritura:**
"¿Por qué dices: 'Muéstranos al Padre'?" (Jn 14, 8)

**Reflexión:** Lo admito: como alguien que ha enseñado a escribir a estudiantes universitarios durante cuarenta años, mis criterios para las homilías son quizá demasiado rigurosos. Siempre me decepciona cuando un predicador esquiva un pasaje desafiante de las Escrituras y recurre a los tópicos; me desanima cuando la erudición bíblica se deja sin aplicar. Imagino lo que podría decir, si me dieran la oportunidad.

Sin embargo, esa vanagloria se desvanece por completo cuando el tema de la lectura es la Trinidad, ese concepto tan plagado de términos teológicos oscuros, tan resistente a la lógica humana *Mejor tú que yo*, pensé hace poco, mientras observaba cómo los alumnos de una clase de educación religiosa presionaban a nuestro sacerdote para que les diera una explicación más sencilla. "Miren", dijo finalmente el padre Isaac, desde sus 5'6" y levantando decididamente la mano. "¡Es un misterio! ¡No pueden explicarlo! ¡Sólo tienen que creerlo!".

El Evangelio de hoy demuestra que incluso los que conocían personalmente a Jesús se esforzaban por comprender una divinidad multipersonal, como hace Felipe en la Última

Cena. "Tanto tiempo hace que estoy con ustedes, ¿y todavía no me conoces?", Jesús pregunta con frustración (Juan 14, 9). Entonces, apiadándose, ofrece una salida: si no pueden comprender la teoría, deben "créanlo por las obras" (14, 11).

Se trata tanto de una inspirada concesión a los límites del entendimiento humano como de una herramienta increíblemente sensata para los discípulos que pronto enseñarán la fe. En esas calles no habrá tiempo para la investigación filosófica densa; de hecho, sería una distracción.

A veces sólo hay que creer.

**Meditación:** ¿Te has enfrentado alguna vez a un ateo que te ha exigido que expliques una parte de tu fe que es intrínsecamente misteriosa, y luego se ha burlado de ti cuando no has podido hacerlo? Cuando te regañes por no comprender lo incomprensible, recurre a los santos que carecían de aprendizaje esotérico o luchaban contra él, pero que se enriquecieron en la comprensión mediante la gracia y la fe, como san Juan María Vianney y santa Bernardita.

**Oración:** Dios Trino, deja que mis obras hablen de tu incomprensible y misteriosa gloria cuando la lógica falle. Ayúdame a creer cuando no pueda dar pruebas.

*4 de mayo: Miércoles de la tercer semana de Pascua*

## Obligado a nuevos pastos

**Lecturas:** Hch 8, 1b-8; Jn 6, 35-40

**Escritura:**
Los que se habían dispersado, al pasar de un lugar a otro, iban difundiendo el Evangelio (Hch 8, 4)

**Reflexión:** Después del martirio de Esteban, la situación "se puso seria" para los nuevos cristianos. Ciertamente, los apóstoles sabían, dada la profecía y el sufrimiento de Cristo, que su misión sería peligrosa. Pero ahora el riesgo llega a casa, ya que a la persecución le sucede el rencor y los creyentes se dispersan.

Los seguidores de Jesús podrían haberse rendido. En lugar de ello, confían en el Espíritu Santo y llevan su mensaje a las zonas del interior, realizando milagros de curación y convirtiendo a los que están dispuestos a escuchar.

Dos mil años después, para nuestra vergüenza, hubo mucha más resistencia y lloriqueo cuando se dispersó una comunidad parroquial a la que pertenecí. Nuestra "persecución" de los años 90 consistió únicamente en la degradación de nuestra querida iglesia parroquial a centro estudiantil —no una amenaza física—, pero el asunto se manejó mal. En lugar de ser francos, las "autoridades" exigieron un largo informe sobre el estado de la parroquia —que tardó meses en prepararse y que reveló una empresa próspera—, pero que fue inmediatamente desechado e ignorado.

Después de que nos dijeran que nos dispersáramos por las otras iglesias de la ciudad, algunos miembros especialmente amargados simplemente dejaron la religión organizada; varios se convirtieron a la Iglesia Unitaria. La mayoría de nosotros, sin embargo, encontramos nuestro camino en las parroquias locales tarde o temprano. Al principio me sentí muy extraña al celebrar el culto en estos entornos más tradicionales, entre extraños. Sin embargo, esos desconocidos se mostraron ávidos de nuestras nuevas perspectivas y dones, y a lo largo de las décadas nos hemos convertido en pilares de los comités de liturgia, los consejos parroquiales, los ministerios de la palabra y la música, y la catequesis, enriqueciendo profundamente esos "nuevos pastos" (tomando prestada la frase de John Milton).

La diáspora es dolorosa, sin duda. Pero a veces parece ser exactamente lo que el Espíritu Santo tiene en mente.

**Meditación:** Piensa en una situación pasada que te obligó a dejar el entorno familiar y a empezar de nuevo en otro lugar. ¿Sentiste temor y abandono? ¿Resististe? ¿Has sido capaz de replantear una misión que parecía amenazada, llevándola a un nuevo lugar? Pensando en ello, ¿qué dones ha extraído el Espíritu Santo de la situación?

**Oración:** Sostenme cuando las cosas cambien, oh Espíritu Santo. Déjame confiar en que estoy siendo conducido a un nuevo y rico trabajo.

*5 de mayo: Jueves de la tercera semana de Pascua*

## Obedecer órdenes

**Lecturas:** Hch 8, 26-40; Jn 6, 44-51

**Escritura:**
Entonces el Espíritu le dijo a Felipe: "Acércate y camina junto a ese carro" (Hch 8, 29)

**Reflexión:** La primera lectura de hoy ofrece una escena aparentemente tan inverosímil y de rápida evolución que roza la locura. Imagina la perspectiva del eunuco: vas tranquilamente en el coche, estudiando un libro, y de repente aparece un tipo de la nada, el tipo adecuado, casualmente, para ayudarte a entender el libro, y sabes que tienes que bautizarte ahora mismo, aunque la idea no se te haya pasado antes por la cabeza.

La historia de fondo, por supuesto, cambia las cosas. No fue un encuentro al azar: un ángel dirigió a Felipe a ese mismo camino y le ordenó que persiguiera ese carro concreto.

Esta mañana me he estremecido al descubrir que éste era el tema de hoy, recordando cómo el otro día yo misma escuché una llamada irresistible a "ir", que podría haberme hecho parecer atrevida e inapropiada.

Estaba visitando a una anciana silenciosa en las primeras fases de la demencia. Se adormiló mientras le daba un suave masaje de confort. A mitad de la sesión me vino un impulso abrumador: *Cántale mientras trabajas*. Aunque me sentía cansada y un poco tímida esa tarde, obedecí. Como nada en su habitación indicaba si era o no una mujer que iba a la iglesia, me conformé con suaves canciones populares y clásicos de los años cuarenta, pero a medida que la sesión se alargaba me rendí a "Be Still, My Soul".

Cuando mis manos se separaron de su cuerpo, sus ojos se abrieron y sonrió. "Oh, cariño", dijo ella. "Hace tanto tiempo que no voy a la iglesia. Esa es mi favorita, y es un gran consuelo recordar esas palabras ahora".

"¡Salta!", nos dice todavía hoy el Espíritu Santo. Ignoramos esos impulsos por nuestra cuenta y riesgo.

**Meditación:** Dedícate hoy a escuchar los impulsos que implican "ponerse al descubierto" pero que tienen el potencial de servir a otro. Si la situación es segura, arriésgate a actuar sin pensar demasiado, confiando en un Dios que nos está tocando perpetuamente el hombro, diciendo: "Ve".

**Oración:** Ayúdame a escuchar tu voz, Espíritu Santo, y dame la voluntad de actuar según tu inspiración.

*6 de mayo: Viernes de la tercera semana de Pascua*

## Reorientados de la rigidez a la mansedumbre

**Lecturas:** Hch 9, 1-20; Jn 6, 52-59

**Escritura:**
Al instante, algo como escamas se le desprendió de los ojos y recobró la vista (Hch 9, 18)

**Reflexión:** "Un joven rígido", calificó el Papa Francisco al Pablo preconverso en una homilía matutina en 2017. Ampliando su mensaje a todos los que se aferran de forma ideológica y farisaica a las formas de la religión, Francisco aconsejó que aquellos que, como el joven Pablo, se creen ejemplares por seguir la letra de la ley, deben pensarlo de nuevo.

¡Qué mensaje tan necesario es éste! Aunque insistir dogmáticamente en las formas consagradas se asocia a menudo con la vejez (*¡no me gusta esa nueva liturgia!*), puede contagiarnos en cualquier etapa, especialmente en los momentos de nuestra vida en los que anhelamos la claridad y la comodidad fácil de lo que se debe y no se debe hacer en las interacciones sociales, en el trabajo y en la vida de fe. Todavía existen adultos jóvenes tan rígidos como Pablo: recientemente, una amiga encargada de la pastoral universitaria informó con una sonrisa de pesar de cómo dos de sus encargados le advirtieron de que la meditación contemplativa era un peligro "pagano" para su alma.

Naturalmente, dado nuestro deseo de ser personas buenas —incluso perfectas—, acogemos con agrado la seguridad de las directrices claras, las disciplinas que nos instruyen en el camino correcto. A veces, sin embargo, Dios exige flexibilidad, excepciones.

En la primera lectura de hoy, Ananías no lo entiende cuando al principio se resiste a reunirse con Pablo, aferrándose a actitudes arraigadas a pesar de una visión celestial—*otrora enemigo del Señor, para siempre enemigo del Señor*. Su obediencia al final hizo que Pablo no fuera la única persona que aprendió a ver el mundo de nuevo aquel día.

La mansedumbre, dijo el Papa Francisco en la misma homilía, es la antítesis de la rigidez, y la nueva alianza de Cristo nos llama a la mansedumbre del amor. Que lo recordemos cada vez que nuestros ojos comiencen a nublarse por la justicia propia.

**Meditación:** ¿De qué manera podrías estar aferrándote a formas rígidas y cómodamente "justas"? Medita sobre los momentos de la vida de Cristo que encarnan nuevos paradigmas: mezclarse con los pecadores (Marcos 2, 16-17), no condenar a los que transgreden la ley (Juan 8, 1-11), honrar las intenciones interiores frente a la exhibición exterior (Mateo 5, 21-48). ¿Dónde podrías atreverte a abrirte a nuevas formas, inspiradas por Cristo, de cumplir los mandamientos de Dios?

**Oración:** Señor del amor, sal a mi encuentro en el camino de mi vida siempre que necesite la conversión, haciendo que mi corazón pase de la arrogancia a la mansedumbre, de la ceguera a la vista.

*6 de mayo: Viernes de la tercera semana de Pascua*

*7 de mayo: Sábado de la tercera semana de Pascua*

## Una mujer ordinaria y extraordinaria

**Lecturas:** Hch 9, 31-42; Jn 6, 60-69

**Escritura:**
Él la tomó de la mano y la levantó . . . (Hch 9, 41)

**Reflexión:** Hoy oímos hablar de otro renacimiento milagroso poco después del propio cambio de corazón de Pablo, pero con diferencias evocadoras. Este renacimiento no es una realización; es una inversión literal de la muerte. Su tema no es un hombre poderoso que protagonizará los Hechos de los apóstoles mientras sus palabras sacuden el mundo, sino una mujer cristiana corriente, alguien sobre quien el foco bíblico brilla sólo esta vez.

Sin embargo, Tabita (también conocida como Dorcas) también es extraordinaria, a su manera. Líder local que trabajaba heroicamente en favor de las viudas pobres (coser todas esas prendas a mano debía de llevar una eternidad), Tabita es tan valiosa para la comunidad que su muerte sacude a Jope, y su milagroso regreso a la vida inspira muchos bautismos. Es una de las dos únicas personas resucitadas por los apóstoles en los Hechos, y su resucitación es la primera.

La historia de Tabita confirma que las mujeres fieles están bien situadas en el radar de Dios, y que son merecedoras de los más altos honores, ya que contribuyen a la labor que requiere mucho tiempo y que puede parecer menor a los ojos de los que mueven los hilos, pero que constituye el trabajo principal de cuidar las ovejas de Cristo. Qué bendito regalo ofrece su ejemplo a las mujeres que trabajan hoy en día en funciones de apoyo entre bastidores, como el personal de servicios sociales y de las oficinas de la iglesia, los miembros de los comités parroquiales, las lavadoras de paños del altar, etc.

Recordemos siempre que Dios registra nuestro servicio, por muy discreto que sea, y que es perfectamente capaz de intervenir y utilizar las circunstancias de nuestra vida —ya sea de forma dramática, como en el caso de Tabita, o de maneras que tal vez nunca conozcamos— para nuestro bien, el de los demás, incluso el de toda su santa iglesia.

**Meditación:** ¿Conoces a alguien cuya vida se asemeje a la de Tabita, una mujer que trabaje silenciosa, incansable y desinteresadamente por los demás? ¿Cómo ha enriquecido esta persona a los que la rodean a diario? ¿Qué efectos más amplios ha producido ese trabajo? Recordando que todos necesitamos una resurrección emocional de vez en cuando, hazle saber que la ven y la aprecian.

**Oración:** Jesús resucitado, ayúdame a recordar cuando me canse en tu servicio y me sienta invisible que tú ves mi trabajo. Revívelo de energía y esperanza.

*8 de mayo: Cuarto domingo de Pascua*

## Saber cuándo alejarse

**Lecturas:** Hch 13,14. 43-52; Apoc 7, 9. 14b-17; Jn 10, 27-30

**Escritura:**
Se sacudieron el polvo de los pies . . . y se marcharon a Iconio (Hch 13, 51)

**Reflexión:** Todos los profesionales de la ayuda se encuentran de vez en cuando con "casos difíciles", personas que se resisten firmemente incluso a las sugerencias más suaves y razonables para su beneficio. "Pero me gusta la comida rápida", insistió un hombre confinado en casa por graves problemas de salud a mi amiga enfermera de atención domiciliaria. "¡Es cosa mía!".

En estas situaciones es tentador seguir insistiendo, frustrándose cada vez más en el proceso, hasta que la situación se convierte en un concurso de voluntades potencialmente explosivo.

La historia de los apóstoles en Antioquía de Pisidia ofrece un paradigma diferente para responder a la resistencia obstinada. Pablo y otros habían hecho todo lo posible por llevar el mensaje de Cristo a la comunidad judía de Antioquía, pero los oídos permanecían sordos. El peligro de la situación se intensificó.

Así que, como el jugador de Kenny Rogers (lo siento, pero es muy apropiado), los apóstoles saben "cuándo retirarse" y "cuándo alejarse", sacudiendo el polvo de sus pies sin recriminaciones ni arrepentimientos, dirigiéndose a un campo más prometedor.

La psiquiatría contemporánea aplaudiría tal acción como un comportamiento saludable dadas las circunstancias. Las investigaciones demuestran que las personas que persisten obstinadamente después de que esté claro que una empresa está condenada, invitan a la ira y/o a la depresión paralizantes. Negarse a admitir una derrota obvia supone desperdiciar un esfuerzo que podría aplicarse de otras maneras.

Y qué diferencia marcaron los apóstoles cuando, bajo la dirección del Espíritu Santo, cambiaron su enfoque y siguieron adelante.

Aquí hay lecciones importantes sobre la superación del ego y el hecho de dejarse guiar por Dios, lecciones que ya hemos oído en Hechos de los apóstoles y que volveremos a oír.

**Meditación:** Lo difícil de la lección anterior, por supuesto, es calibrar si la situación es realmente desesperada y has hecho todo lo que puedes, o si estás abandonando prematuramente. La clave es ser honesto contigo mismo y pedir a Dios que te guíe. ¿Hay esfuerzos adicionales que puedas hacer para resolver el problema? ¿O la persistencia ha empezado a convertirse en una cuestión de ego? ¿Cómo puede llamarte Dios a invertir tus labores de forma más fructífera?

**Oración:** Oh Señor, que guiaste los pasos de los apóstoles, dame la sabiduría para discernir cuándo es el momento de bendecir algo o a alguien y seguir adelante.

*9 de mayo: Lunes de la cuarta semana de Pascua*

## Ni oriente ni occidente

**Lecturas:** Hch 11, 1-18; Jn 10, 1-10

**Escritura:**
"En cuanto empecé a hablar, el Espíritu Santo descendió sobre ellos, como había descendido al principio sobre nosotros . . . " (Hch 11, 15)

**Reflexión:** Aunque la persecución externa supuso un reto aterrador para el cristianismo primitivo, un dilema interno —la cuestión de la definición del grupo— era posiblemente aún más amenazante. ¿Debían los seguidores de Jesús considerarse judíos que operaban bajo una nueva alianza? Si es así, ¿qué tan judíos debían ser con respecto a las leyes y costumbres? ¿O iba a ser una religión totalmente nueva, en la que las divisiones entre gentiles y judíos habían desaparecido?

Múltiples relatos en los Hechos describen cómo los creyentes resolvieron los detalles de esta cuestión. ¿Deben los apóstoles comer con los gentiles que no guardan las leyes alimentarias judías? ¿Deben circuncidarse los gentiles si quieren ser cristianos? La discusión sobre estos marcadores de identidad podía llegar a ser acalorada, lo que llevó, por ejemplo, al concilio de Jerusalén descrito en Hechos 15.

Hoy podríamos descartar esta obsesión por los marcadores de identidad como un antiguo tribalismo. Sin embargo, mientras escribo, nuestra nación está atenazada por las consecuencias de su propio tribalismo, sacudida por las protestas mientras suenan llamamientos a la reforma policial, la igualdad racial y la justicia. Durante mucho tiempo nos hemos autodenominado "Una nación bajo Dios", pero está claro que esa no ha sido nuestra realidad.

Sueño que mientras lees estas palabras en el futuro, todos serán tratados como hermanos y hermanas. Sin embargo, como alguien que ha sido testigo de cómo el idealismo de los años 60 ha cedido ante la codicia y la injusticia continuada, mis esperanzas no son demasiado altas. La gente parece considerar de forma natural sus propias costumbres arraigadas como superiores, y las del otro como sospechosas e impuras.

Ojalá escucháramos realmente el propio mensaje radical de Jesús sobre la comunión inclusiva, que le llegó a Pedro cuando el Espíritu Santo poseyó a los gentiles en su presencia.

Ojalá, como familia de Dios, pudiéramos dejar de lado las políticas de identidad y conceder que "en Cristo no hay oriente ni occidente", como dice el dulce y antiguo himno, el fuego del amor reavivado en nuestros corazones.

**Meditación:** Date cuenta hoy de cuándo surgen el tribalismo y los prejuicios a tu alrededor o dentro de ti. Traspasa una frontera con un acto de compañerismo como testimonio de que el Espíritu Santo vive en ti.

**Oración:** Dios de amor, hazme un canal de tu paz cuando las divisiones sacudan a la familia de tu pueblo.

*10 de mayo: Martes de la cuarta semana de Pascua*

## Relajarse en el amor de Dios

**Lecturas:** Hch 11, 19-26; Jn 10, 22-30

**Escritura:**
"Mis ovejas escuchan mi voz; yo las conozco y ellas me siguen" (Jn 10, 27)

**Reflexión:** Al acercarse la Pascua del año en que me convertí al catolicismo, la ansiedad me llevó a sincerarme con mi director espiritual. Le aseguré que las liturgias me conmovían profundamente, haciéndome sentir más cerca de Dios que nunca. La teología era profunda y convincente. Me encantaba la comunidad. Sin embargo, cuando consideré mis tendencias rebeldes, mi inclinación a las operaciones mentales analíticas hiperracionales y mis defectos de carácter, me pregunté si realmente pertenecía a ese grupo. "Mira, Susan", respondió sonriendo, "es obvio para todos nosotros que éste es tu camino. Respira hondo y comprende que, si Dios no te quisiera, no te habría dado el deseo de buscarle".

Esa fue la tarde en que oí por primera vez la palabra "escrúpulos", y desde entonces me he dado cuenta de que mi caso era comparativamente leve. Sin embargo, para quienes tienen una inclinación perfeccionista aún más fuerte, los sentimientos persistentes de indignidad espiritual pueden incluso convertirse en una enfermedad psiquiátrica.

El Evangelio de hoy ofrece una versión particularmente hermosa del sentimiento que mi director espiritual pronunció tan amablemente aquel día. Nos recuerda que nos convertimos en seguidores de Jesús, no por ganarnos el privilegio como modelos perfectos, sino porque por la gracia el pastor ya nos ha elegido, nos ha llamado por nuestros nombres particulares. Si no lo hubiera hecho, no tendríamos ningún interés en su voz.

Siempre que nos preocupamos por nuestros defectos inherentes o nos cuestionamos nuestra valía fundamental para ser miembros de este rebaño, este hecho nos ofrece mucho alivio. Dios ya nos ama, ya tiene fe en nosotros. Anhelar a Dios es en sí mismo una prueba de nuestra pertenencia.

Acallemos decididamente nuestra inseguridad y relajémonos en la confianza, poniendo nuestra energía al servicio de él.

**Meditación:** Los no católicos bromean sobre el sacramento de la Reconciliación como prueba de la supuesta obsesión del catolicismo por la culpa, pero si lo has experimentado, sabes lo trascendentalmente liberador que puede ser. Venimos confiando en la misericordia de Dios; nos dejamos lavar. Si te sientes indigno en este momento, busca la voz del pastor en la reconciliación, una celebración del amor fiel de Dios.

**Oración:** Dios pastor, te doy las gracias siempre y en todas partes por haberme elegido como tuyo. Ayúdame a descansar con seguridad en tu amor.

*11 de mayo: Miércoles de la cuarta semana de Pascua*

## Trabajo de equipo coordinado

**Lecturas:** Hch 12, 24–13, 5; Jn 12, 44-50

**Escritura:**
Les impusieron las manos y los despidieron (Hch 13, 3)

**Reflexión:** Una de las secciones más deliciosas del Mesías de Haendel pinta con palabras Isaías 53, 6 mientras el coro y la orquesta rompen en una alegre repetición polifónica del texto: "Cada cual seguía su propio camino". La energía es maravillosa, ya que las voces se superponen y se disputan el dominio, cada parte bailando a su propio ritmo. ¿La única consecuencia desafortunada? Para los oyentes, las palabras se pierden.

Trato de recordar ese coro como un correctivo cada vez que hago una mueca ante otra formación ministerial que se siente como una micro gestión—esas reuniones del ministerio de la música, por ejemplo, en las que se nos dice que debemos cantar el mismo canto final para el envío en todas las misas del próximo tiempo litúrgico.

Sin embargo, la coherencia litúrgica y catequética es crucial. Si cada ministro de cada ministerio "siguiera su propio camino", nos arriesgaríamos a un casi-caos exuberante tan difícil de seguir como el de ese coro. Si los miembros de la asamblea deben anticipar lo que viene a continuación y centrarse en lo esencial, la liturgia debe funcionar como un ritual coherente. Las diferencias flagrantes que invitan a alguien en la asamblea a pensar: "¡Oh, qué bien, éste es el que lo hace como a mí me gusta!" ponen demasiado énfasis en nosotros y pueden ser divisivas.

El Evangelio de hoy subraya el cuidado de los apóstoles por coordinar sus esfuerzos y validarse mutuamente en el espíritu del trabajo cooperativo en equipo. Pablo —el forastero carismático— hace base en Jerusalén. Él y Bernabé no se van sin más a Chipre; son enviados por los compañeros de Antioquía. Estos líderes comprenden que deben presentar y encarnar un frente unificado para que la nueva fe se extienda.

Sí, los ministros de hoy tenemos el derecho y la responsabilidad de compartir nuestras ideas y preferencias. Sin embargo, en última instancia, nosotros también debemos estar dispuestos a coordinarnos en equipo por el bien común.

**Meditación:** ¿Hay algún elemento del ritual o de la práctica de la iglesia cuyo significado no entiendes como ministro o simple fiel? Pide a los responsables de la educación religiosa de adultos de tu iglesia que presenten un taller en el que se explique el "por qué" de esta práctica comunitaria. Estate abierto a lo que puedas aprender.

**Oración:** Bendíceme con disciplina y espíritu de cooperación, oh Dios, mientras busco servir a tu iglesia.

*12 de mayo: Jueves de la cuarta semana de Pascua*

## Un nuevo concepto de linaje

**Lecturas:** Hch 13, 13-25; Jn 13, 16-20

**Escritura:**
"Yo sé a quienes he escogido" (Jn 13, 18)

**Reflexión:** En el mundo actual, la mayoría de nosotros solemos recurrir a los logros personales para establecer nuestra autoridad: nuestros títulos, nuestra experiencia laboral y de servicio, nuestros premios y nuestros hijos exitosos. Sin embargo, en el caso del Israel bíblico, como en muchas épocas y culturas pasadas, lo que importaba no era lo que habías hecho, sino quién eras en términos de linaje familiar. Los puestos clave de la vida religiosa judía eran hereditarios; para ser sacerdote, por ejemplo, había que demostrar la descendencia de Aarón. La tierra se heredaba en función de la identificación familiar ancestral. Los que no podían documentar su linaje eran ciudadanos de segunda clase, tanto legal como culturalmente.

Cuando los oyentes de la sinagoga se resisten al mensaje de Pablo, éste invoca naturalmente la ascendencia de Jesús, trazando el patrimonio de Cristo a través de la línea de David, enmarcando a Jesús como un salvador de la línea de descendencia más ilustre que se pueda imaginar.

Sin embargo, entre ellos mismos, los seguidores de Cristo estaban creciendo ya entonces en una nueva y radical comprensión de la "familia". Las palabras de Jesús y las inspiraciones del Espíritu Santo los guiaron a ver que lo que confiere el honor de ser una "persona enterada" no es la genética tribal y el árbol genealógico, sino la elección de Cristo de una persona como una de sus ovejas. La buena fe hereditaria es irrelevante.

Esa nueva norma de valor lo cambió todo para los primeros conversos gentiles, y para todos los que han seguido a Jesús desde entonces.

Puede que procedas de una familia sin raíces en ninguna religión. Puede que hayas nacido y crecido en circunstancias humildes. Es posible que no tengas un currículum llamativo. Sin embargo, si reclamas el patrocinio de Jesús, eres tocado por la autoridad real.

**Meditación:** ¿Qué logros sacas a relucir cuando te sientes inseguro o ignorado, con el afán de establecer que se te debe escuchar? ¿O te apoyas en la gloria reflejada de tu genealogía o en alguna otra experiencia vital para reforzar tu sensación de que eres alguien a quien hay que tomar en serio? La próxima vez que llegue ese momento, concéntrate más bien en los momentos de alegría de la unidad con Cristo y en la evidencia de su fiel alianza contigo.

**Oración:** Padre Santo, haz que mi refugio más fuerte y mi alarde más querido estén siempre en mi relación contigo.

*13 de mayo: Viernes de la cuarta semana de Pascua*

## Un arca de Noé de personajes

**Lecturas:** Hch 13, 26-33; Jn 14, 1-6

**Escritura:**
"En la casa de mi Padre hay muchas habitaciones" (Jn 14, 2)

**Reflexión:** A mi difunto marido le gustaban las reuniones generales del profesorado de nuestra universidad, no por las predecibles charlas administrativas o los debates a menudo polémicos, sino por —como él decía— la asamblea del profesorado al estilo del Arca de Noé. Geólogos amables y con sentido común; matemáticos introvertidos y brillantes; profesores de danza moderna, contabilidad e historia; maestros oboístas, enfermeros y agrimensores; filósofos y farmacéuticos: qué buen recordatorio del rico legado de aprendizaje humano que puede transmitir una universidad, comentaba, y de la deslumbrante variedad de formas en que la gente puede "ser inteligente".

Las lecturas del tiempo de Pascua, tan llenas de personajes variados, atestiguan que, desde los primeros tiempos, la Iglesia también honró a las distintas personalidades individuales, tan esenciales para su funcionamiento. Pablo es un predicador brillante, pero necesita discípulos conectados localmente en Antioquía para obtener apoyo práctico. El ministerio privado de Tabita a las viudas pobres es el cuerpo del espíritu de caridad de Jesús. Los conversos que ejercen profesiones prácticas suministran financiación. Los mártires dan inspiración. La variedad de santos en los siglos posteriores subraya este tema de las "muchas moradas": imagina al intelectual Tomás de Aquino sentado entre la campestre ermitaña del desierto, santa Pelagia la Penitente, y el dulce e iletrado portero, el beato Andrés Bessette, en una reunión de profesores celestiales.

La conmemoración de Nuestra Señora de Fátima, que cae en este día, ofrece su propio recordatorio de que todo tipo de personas tienen un papel clave en el cristianismo. Aquella aparición de la Virgen María de 1917 llegó a tres niños pastores, cuyos dones de inocencia y fe sencilla les ayudaron a ver lo que los poderosos y sabios no podían. Provocó un renacimiento de la fe en la época de la Primera Guerra Mundial, cuando el mundo necesitaba desesperadamente la seguridad de la presencia divina.

Todos tenemos lugares preparados para nosotros; todos somos llamados por nuestros nombres particulares.

**Meditación:** ¿Qué habitación de la casa de Dios estás ocupando, respondiendo con los rasgos particulares de tu personalidad a la construcción del reino? ¿Ha cambiado esa vocación a lo largo de tu vida? ¿Está evolucionando ahora? Si te encuentras sin una habitación o "morada" y no estás seguro de cómo contribuir, pide orientación a un amigo de confianza o a un director espiritual.

**Oración:** Padre Celestial, ayúdame a comprender cómo mis talentos particulares pueden servirte mejor. Ayúdame también a celebrar el carácter distintivo de los demás.

*13 de mayo: Viernes de la cuarta semana de Pascua*

*14 de mayo: San Matías, apóstol*

## El interés propio y el amor

**Lecturas:** Hch 1, 15-17. 20-26; Jn 15, 9-17

**Escritura:**
"Esto es lo que les mando: que se amen los unos a los otros" (Jn 15, 17)

**Reflexión:** Qué tema tan omnipresente es el amor en el cristianismo: desde 1 Corintios hasta aforismos populares ("La mejor manera de encontrar el amor es encontrar a Dios") y hasta canciones ("Sabrán que somos cristianos por nuestro amor"). Comprometerse con la bondad, la paciencia, soportar, aguantar, etc., es parte integrante del seguimiento de Jesús.

Sin embargo, si pasas unas horas en el mundo cotidiano, te darás cuenta de lo difícil que es realmente "amarse unos a otros". Los desconocidos, los conocidos, los amigos, incluso los seres queridos, hacen las cosas más raras: cosas inapropiadas que irritan a todo el mundo, acciones malhumoradas u hostiles que hacen que la paciencia sea difícil de reunir. Incluso en los monasterios, seminarios y oficinas parroquiales, la gente se pone de los nervios. ¿Qué puede hacer un cristiano bien intencionado?

En ese contexto es interesante considerar al personaje de Hechos 1, 15-26: el Sr. *casi*-apóstol, José, llamado Barsabás. Debía ser un hombre extraordinario para haber sido preseleccionado como sustituto de Judas. Puede que soñara con grandes cosas. Pero perdió la lotería.

Si eso me hubiera pasado a mí, podría haber intentado algún regateo creativo: *"¿Por qué tienen que ser doce? ¿Por qué no un 'ambos/y?'"*. Sin embargo, no tenemos constancia de cómo respondió el propio José Barsabás. ¿Estaba enfadado? ¿Dejó todo el movimiento de Jesús? ¿Persistió, invocando el Espíritu de Cristo para ir más allá de los celos y entrar en el amor *de tipo ágape* que deja el pasado en el olvido? ¿Acaso se convirtió en el valiente apóstol al que se hace referencia más tarde en Antioquía con Pablo (Hch 15, 22-23) o en el legendario obispo/mártir de Eleuterópolis?

¿Qué habrías hecho tú? ¿Dónde está tu respuesta en este continuo entre el ensimismamiento y el amor?

**Meditación:** "¡Defiéndete!", insiste nuestra cultura a los que se sienten despreciados. Si tienes dificultades para mantener el amor cristiano en tales circunstancias, puede ser útil consultar los ejemplos de santos a los que los creyentes no concedieron lo que les correspondía y que, sin embargo, mantuvieron una paciente gentileza —tal vez el Padre Pío o Juana Jugan— meditando sobre cómo reflejaron la gentileza de Jesús.

**Oración:** Ayúdame, oh Dios, a crecer en una comprensión madura del amor basada en Cristo. Dame la determinación de persistir en su espíritu cuando las cosas no vayan como yo quiero.

*15 de mayo: Quinto domingo de Pascua*

## Perseverancia heroica

**Lecturas:** Hch 14, 21-27; Apoc 21, 1-5a; Jn 13,31-33a. 34-35

**Escritura:**
Animaban a los discípulos y los exhortaban a perseverar en la fe . . . (Hch 14, 22)

**Reflexión:** Al leer las listas de lugares exóticos de Asia Menor y Europa que visitaron los apóstoles, los lectores modernos podrían encontrarse hojeando, pensando vagamente: "¡Vaya, estos sí que viajaban!". Sin embargo, la ruta descrita en la primera lectura de hoy merece una contemplación más profunda, pues sus detalles revelan el espíritu indomable que estos hombres aportaron a su trabajo.

Como señalan los historiadores bíblicos, la forma más fácil de completar ese primer viaje misionero habría sido viajar por tierra desde el destino final, Derbe, hasta el puerto de Tarso y navegar hacia Antioquía. En lugar de ello, Pablo y Bernabé deciden repetir su ruta de ida, volviendo a recorrer las flamantes comunidades cristianas que han establecido para ofrecer una ayuda administrativa e inspiradora de seguimiento. No sólo están invirtiendo más tiempo, sino que están buscando el peligro al volver a los mismos lugares donde ya han encontrado resistencia y persecución.

Me maravilla esta historia, sabiendo lo mucho que anhelo mi hogar después de un largo viaje, incluso uno agradable.

También soy demasiado consciente de la tentación de dejar que lo suficiente sea bueno y de la tendencia a retraerse de las experiencias que una vez me hirieron.

La *perseverancia* no es una palabra muy glamorosa comparada, por ejemplo, con el *valor* o el *heroísmo*. Pero su concepto equivalente, la *fortaleza*, ha sido celebrado en el arte, la literatura y la teología como una de las siete virtudes cristianas supremas. Reunir la fuerza para seguir con un esfuerzo justo cuando preferirías estar haciendo otra cosa está a la altura de la fe, la esperanza y la caridad.

A veces la perseverancia puede incluso *ser* heroísmo.

**Meditación:** ¿Dónde te sientes desafiado a perseverar en el trabajo justo en este Tiempo Pascual? ¿Participas en un comité que planea una innovación benéfica y se encuentra con obstáculos? ¿Intentas consolar a alguien cuya miseria se resiste al bálsamo? ¿Te esfuerzas por reformar algún aspecto de tu propia vida? Cuando sientas desánimo, relee los relatos de los viajes de los apóstoles y pide al Espíritu Santo que profundice tu compromiso con la perseverancia.

**Oración:** Fortalece mi espíritu, Señor, cuando tenga la tentación de tomar el camino fácil a casa.

*16 de mayo: Lunes de la quinta semana de Pascua*

## La tentación del orgullo

**Lecturas:** Hch 14, 5-18; Jn 14, 21-26

**Escritura:**
"Ciudadanos, ¿por qué hacen semejante cosa? Nosotros somos hombres mortales, lo mismo que ustedes" (Hch 14, 15)

**Reflexión:** Cuando tenía veintidós años y era profesora de secundaria, me preocupaba de incluir materiales contemporáneos y "relevantes" en mis clases. Era 1972, así que entre ellas había canciones de Bob Dylan, novelas para jóvenes adultos y películas sobre la angustia adolescente, las relaciones raciales y la guerra. Sin embargo, nunca adivinarás cuál fue el texto que más les gustó a mis alumnos de último año, que generó la discusión más ávida y la escritura más reflexiva: La tragedia clásica de Sófocles sobre el orgullo desmedido, Edipo Rey, escrita hacia el año 430 a.C.

O tal vez no sea tan sorprendente, ya que las historias de humanos extremadamente dotados y poderosos que se vuelven blasfemamente arrogantes nunca han dejado de ser un elemento básico de la narrativa literaria y popular. Desde el Macbeth de Shakespeare y el Satán de Milton, hasta el Lord Voldemort de *Harry Potter* y los políticos modernos, nos fascinan las historias de héroes trágicos megalómanos. Sabemos que están condenados (con razón, ya que faltan al respeto a "los dioses" y alteran el orden terrenal), pero también nos compadecemos y nos identificamos con su arrogancia. "Puedo ver cómo esto pudo ocurrir", dijo uno de mis alumnos de último curso sobre Edipo. "Todos esos elogios y éxitos tienen que afectarte".

Qué revolucionaria llamada a la perspectiva correcta es, pues, ver a Pablo y Bernabé —hacedores de milagros y poseedores de una elocuencia convincente— resistirse con decisión al intento de los licaonianos de adorarlos. Muchos con tal potencia se habrían confundido gustosamente con Zeus o Hermes o habrían sido adorados por derecho propio (como los Césares), e incluso podrían haber considerado tales cosas apropiadas.

"Nuestro Dios está en el cielo", proclama el salmo de hoy (113 B, 3), desechando los falsos ídolos de oro. Y eso es algo que conviene recordar en cualquier etapa de nuestra vida, especialmente cuando los ídolos empiezan a parecerse a nosotros.

**Meditación:** Un amigo mío denomina "enfermedad del director de orquesta" a la tentación de creer que eres personalmente responsable de todo lo bueno que ocurre bajo tu supervisión, una tentación que puede conducir a un orgullo al estilo de Edipo. Tómate tiempo durante tus propios éxitos para reconocer el papel que ha jugado la mano de Dios, así como las contribuciones de los demás.

**Oración:** Crea un corazón limpio en mí, oh Dios. Permíteme que te reconozca humildemente como el poder que está detrás de mis logros.

*16 de mayo: Lunes de la quinta semana de Pascua*

*17 de mayo: Martes de la quinta semana de Pascua*

## Compartir historias de fe

**Lecturas:** Hch 14, 19-28; Jn 14, 27-31a

**Escritura:**
Reunieron a la comunidad . . . Ahí se quedaron bastante tiempo con los discípulos (Hch 14, 27-28)

**Reflexión:** Antes de que el 11 de septiembre endureciera los protocolos de seguridad, era habitual en el aeropuerto de Salt Lake City encontrarse con grandes grupos organizados de personas reunidas en las puertas de embarque. Emocionados y ruidosos, portando globos y carteles, daban la bienvenida a casa a los misioneros mormones que regresaban, jóvenes que habían completado misiones proselitistas de dos años en lugares lejanos. Atravesar la muchedumbre apretada habría sido difícil para una persona apurada buscando su vuelo de conexión. Aun así, la afirmación de una comunidad solidaria era impresionante, más sorprendente aún si se sabía que esos saludos eran sólo la primera forma en que esos misioneros se convertirían en objetos de la construcción de la comunidad. Pronto informarían formalmente a sus barrios (parroquias), involucrando indirectamente a otros en sus aventuras de promulgación de la fe.

Hoy en día, las parroquias católicas no suelen enviar misioneros de larga duración. Sin embargo, nuestros miembros se aventuran habitualmente más allá de los muros de la iglesia en apoyo de la fe —ya sea lejos, en conferencias, clases, retiros, trabajos médicos o de servicio social en el extranjero, lugares sagrados— o localmente, en bancos de alimentos y refugios. Por desgracia, con demasiada frecuencia perdemos la oportunidad de hacer de estas misiones una ocasión para reforzar nuestra identidad de fe. Puede que saludemos a esos misioneros con un casual "¿Qué tal te fue?", pero rara vez les invitamos a hablar públicamente y en profundidad sobre cómo sus experiencias afectaron a su fe, y quizá nos ayuden a imaginar nuestras propias misiones.

Pablo y Bernabé eran mucho más sabios cuando "se quedaron bastante tiempo" contando en Antioquía los detalles de su revolucionaria primera misión a los gentiles. Para esta nueva comunidad, esa historia de peligro y heroísmo, de éxito impulsado por el Espíritu, debió de ofrecer una validación inimaginable y una altísima inspiración.

Nosotros mismos podríamos utilizar algunas de esas cosas, en estos últimos tiempos.

**Meditación:** ¿Quién de tu iglesia ha participado recientemente en un ministerio de alcance, educación o servicio a la comunidad? Invítalos a tomar un café, a cenar o a dar un paseo, y tómate tiempo para conocer sus experiencias. Si están dispuestos, planifica un acto para compartir esa información más ampliamente en tu comunidad católica.

**Oración:** Señor resucitado, ayúdame a superar la reticencia y a compartir mis historias de fe, animando a otros a difundir tu mensaje al resto del mundo.

*18 de mayo: Miércoles de la quinta semana de Pascua*

## Poda esencial

**Lecturas:** Hch 15, 1-6; Jn 15, 1-8

**Escritura:**
"Lo poda para que dé más fruto" (Jn 15, 2)

**Reflexión:** Como ensayista acostumbrada a formas más largas, me he encontrado haciendo una gran cantidad de "poda" (también conocida como "edición estricta para respetar el número de palabras") mientras escribía este devocional. Las ideas interesantes, pero no esenciales, deben desaparecer de estas breves reflexiones; los ejemplos deben ser estrictamente examinados, la especulación abreviada, el fraseo rigurosamente condensado. Reconozco que recortar tanto de los borradores me duele. Sin embargo, este rigor ha sido innegablemente una buena disciplina de escritora, rompiendo los malos hábitos y reforzando los buenos, y espero que haya hecho que el resultado sea más fácil de usar para los lectores ocupados.

El Evangelio de hoy me recuerda algo que mi abuela dijo una vez sobre la jardinería y que también es relevante para la edición productiva. "Pero, cariño, tienes que podarlas", insistió cuando la niña, yo, respondía horrorizada mientras recortaba sus magníficos rosales de fama local. Explicaba que cortar la madera muerta fomentaba el crecimiento nuevo, que dar forma a los arbustos regulaba el espacio entre ellos para que entrara la luz del sol, fomentando la salud y la floración. "Sin poda", subrayaba, "no tendrás mucho jardín de rosas". Ni mucho menos un libro.

Las palabras de Jesús caracterizan a Dios como un jardinero según el corazón de mi abuela. No sólo los obviamente infructuosos sienten esas tijeras; todo debe ser moldeado al servicio de las necesidades del jardín más grande.

Es innegable que esta conformación puede ser dolorosa, como cuando los primeros cristianos de la primera lectura de hoy sintieron amenazados sus antiguos caminos, o cuando protestamos hoy cuando nuestro orgullo o nuestra comodidad son mellados por las cuchillas celestiales.

Sin embargo, nos guste o no, la poda es una parte esencial de nuestro crecimiento, al igual que lo es para las rosas. Debemos confiar en que la lluvia, la luz del sol y la floración llegarán a su debido tiempo.

**Meditación:** ¿Está Dios podando tu vida de una manera que parece inexplicable, incluso destructiva? Reflexiona sobre las historias de vida de personas que al final descubrieron que los contratiempos en realidad les formaron para el trabajo que Dios había planeado para ellos, como Ignacio de Loyola (la enfermedad acabó con su carrera militar), Francisca Cabrini (a la que se le negó el sueño de toda su vida de ser misionera en Asia), o Nelson Mandela (encarcelado).

**Oración:** Dios omnisciente, permíteme confiar firmemente en tu sabiduría a través de las estaciones de poda de mi vida.

*19 de mayo: Jueves de la quinta semana de Pascua*

## Escuchar (y hablar) respetuosamente

**Lecturas:** Hch 15, 7-21; Jn 15, 9-11

**Escritura:**
Toda la asamblea guardó silencio y se pusieron a oír . . . (Hch 15, 12)

**Reflexión:** Hace tiempo, los comentaristas de televisión y radio informaban de las noticias. Ahora, muchos emiten opiniones de forma agresiva. No dispuestos a escuchar, los panelistas se gritan unos a otros. Los anfitriones interrumpen a los invitados y viceversa. Todo el mundo posee ya un punto de vista irrefutable.

Hace dos milenios, el Concilio de Jerusalén abordaba las cuestiones conflictivas de forma muy diferente. Siguiendo las reglas del discurso civil establecidas siglos antes, los oradores ofrecían discursos formales y razonados mientras los apóstoles y presbíteros escuchaban respetuosamente. En vez de exagerar de emotividad o de insultar el punto de vista, los motivos o el carácter personal de la parte contraria, Pedro y Santiago argumentaron a partir de pruebas que llegaban al corazón de los valores comunes del grupo. Su retórica suponía que los oyentes eran personas razonables y virtuosas que compartían la dedicación a comprender y seguir los caminos de Dios. Su objetivo era formar y consolidar la comunidad, no fracturarla.

Quizá sea demasiado tarde para que, como país profundamente dividido, recuperemos este tipo de discurso respetuoso a nivel de toda la sociedad. Pero todos podemos intentar practicar esa comunicación de consenso en los segmentos más pequeños de esa cultura que habitamos. En nuestras familias, con los amigos y conocidos, con los compañeros de trabajo y los clientes, podemos dedicarnos a escuchar al otro con la mente abierta, y a exponer nuestro propio caso con el objetivo de apelar al mejor yo del otro, incluso cuando mostramos el nuestro.

Por encima de todo, debemos recordarnos a diario que la intimidación y la prepotencia son tácticas totalmente fuera de lugar para cualquiera que crea, como pretendemos, en un Padre que nos insta siempre: "permanezcan en . . . [el] amor" (Juan 15:10).

**Meditación:** Invita a un amigo que no esté de acuerdo contigo a una sesión de intercambio de puntos de vista respetuosa, sin permitir discusiones. Expliquen por turnos la base de sus convicciones, preguntando pero sin rebatir. Después de que ambos hayan hablado, dediquen tiempo a identificar los supuestos, valores y objetivos compartidos. Da las gracias a los demás por estar abiertos y por escuchar.

**Oración:** Permíteme recordar a los apóstoles, Padre, cuando tenga la tentación de imponer mi voluntad a los demás. Ayúdame a escuchar. Haz de mí un instrumento de creación de consenso.

*20 de mayo: Viernes de la quinta semana de Pascua*

## La iniciación y sus responsabilidades

**Lecturas:** Hch 15, 22-31; Jn 15, 12-17

**Escritura:**
"Soy yo quien los ha elegido y los ha destinado para que vayan y den fruto y su fruto permanezca" (Jn 15, 16)

**Reflexión:** Qué glorioso es llegar a ser un iniciado, un elegido para algo largamente deseado: la admisión en una escuela ideal, el éxito en un examen de la junta profesional, la elección para un consejo o club prestigioso, el nombramiento para un trabajo soñado, la pertenencia a la iglesia. Qué torrente de validación feliz sentimos, qué sensación de energía y optimismo, qué ganas de abrazar nuevas responsabilidades.

Los cristianos gentiles de Antioquía habrían experimentado tales sentimientos cuando llegó la carta del Concilio de Jerusalén (fruto del respetuoso intercambio comentado en la reflexión de ayer). Ahora se les reconocía universalmente como miembros de pleno derecho de la Iglesia, sin necesidad de cambios culturales masivos ni de circuncisión. Pablo y Bernabé habían tenido razón sobre su valía. No es de extrañar que "al leer aquellas palabras alentadoras, todos se llenaron de júbilo" (Hch 15, 31).

Ahora podía comenzar el trabajo de vivir la fe como participantes plenamente aceptados, y sería un trabajo desafiante. Aprenderían que dar fruto supondría más esfuerzo del que hubieran imaginado, que perturbaría su equilibrio al exigir un mayor crecimiento, que podría ser peligroso. Por muy alegre que fuera la plena inclusión en la fe, sólo constituía un punto de partida. Ser miembro es un verbo activo, aprenderían, no un logro de una sola vez.

Y eso sigue siendo algo bueno que debemos recordar hoy en día, siempre que una vocación que parecía tan rectamente perfecta al principio se vuelve difícil, siempre que el "dar frutos" no resulta del todo como esperábamos cuando éramos nuevos y brillantes iniciados.

**Meditación:** Recuerda un momento en el que te hayas visto elegido para algo que deseabas profundamente o te hayas unido a ello. Revive la emoción, pero también recuerda las expectativas demasiado simples que tenías. ¿Cómo te desafían las exigencias de la afiliación continua y activa? Si la emoción de ser incluido en un grupo en el que actualmente habitas se ha embotado, resuelve aportar un espíritu de anticipación y aventura a las responsabilidades de hoy, como si fueras un nuevo iniciado.

**Oración:** Ayúdame a recordar mi entusiasmo inicial, oh, Dios, cuando los retos de una vocación se despliegan ante mí. Mantén mi fidelidad, mi optimismo y mis ganas.

*21 de mayo: Sábado de la quinta semana de Pascua*

## Caminos misteriosos

**Lecturas:** Hch 16, 1-10; Jn 15, 18-21

**Escritura:**
Al llegar a los límites de Misia, se propusieron ir a Bitinia, pero el Espíritu de Jesús no se lo permitió (Hch 16, 7)

**Reflexión:** Como ya he mencionado antes, he consultado algunos comentarios mientras preparaba estas reflexiones, y en su mayor parte me han servido para enriquecer y aclarar la Escritura. Hoy, sin embargo, con la curiosidad de saber por qué el Espíritu Santo podría haber prohibido dos veces a Pablo, Silas y Timoteo realizar su segundo viaje misionero a Asia Menor y, en cambio, dirigirlos a Europa, he comprobado que los propios expertos son incapaces de llegar a una conclusión decisiva. Bitinia (en la actual Turquía) no parece haber sido más peligrosa o difícil que cualquier otro lugar, y en poco tiempo Pablo estableció de hecho iglesias en esa región. ¿Por qué, entonces, el Espíritu Santo los desvió cuando ya habían recorrido parte del camino hacia Asia?

Aunque nunca lo sabremos, los comentaristas están de acuerdo en que la alegre aceptación de esta directiva por parte de los apóstoles constituye un modelo de obediencia de manual. Pablo y sus compañeros ni siquiera intentan razonar o impugnar la orden. En lugar de ello, simplemente, y con confianza, hacen caso a la llamada de la visión onírica de viajar a Macedonia, aceptando, como hizo el profeta del Antiguo Testamento, que los pensamientos de Dios no son nuestros pensamientos, ni nuestros caminos son los caminos de Dios (cf. Is 55, 8).

Por muy frustrante que sea este sentimiento para los que quieren respuestas concretas, es una verdad que se ha repetido a menudo. "Dios se mueve de forma misteriosa / para realizar sus maravillas", escribió el poeta inglés del siglo XVIII William Cowper con un fraseo especialmente lírico, cuyas palabras se convirtieron en el texto de un venerable y muy querido himno.

O, como escribió Thomas Merton más recientemente en un lenguaje más sencillo pero también bellamente equilibrado: "La verdadera esperanza no está en algo que podamos hacer, sino en Dios, que está haciendo algo bueno de algo que no podemos ver".

**Meditación:** Si un gran desvío en tus propios planes de servir a Dios te hace sentir confuso y luchar por imponer la lógica a los acontecimientos, considera la oración de Merton de su colección Pensamientos en soledad. Si deseamos agradar al Señor, afirma, se nos invita a confiar en que el Espíritu Santo "nos guiará por el camino correcto, aunque no sepamos nada de él".

**Oración:** Que siempre te siga a ti, Dios omnisciente, aunque no entienda la dirección.

## 22 de mayo: Sexto domingo de Pascua

## Muchas puertas

**Lecturas:** Hch 15, 1-2. 22-29; Apoc 21, 10-14. 22-23; Jn 14, 23-29

**Escritura:**
Tenía una muralla ancha y elevada, con doce puertas monumentales, y sobre ellas, doce ángeles y doce nombres escritos . . . (Apoc 21, 12)

**Reflexión:** "¿Cómo entramos en este lugar?", preguntó mi amigo. Los viajeros de esa mañana intentábamos asistir a la misa diaria en una catedral histórica del suroeste de Estados Unidos, pero las grandes puertas de entrada y otros portales que habíamos probado estaban cerrados, incluso cuando las campanas sonaban de forma invitante. En el último momento me asomé a una esquina y vislumbré a un rezagado que se apresuraba a pasar por una pequeña y discreta puerta. "Supongo que tienes que saberlo", dijo mi amiga, sacudiendo la cabeza.

Por muy impresionante (y complicado de acceder) que fuera esa hermosa iglesia, su esplendor —y el extenso esplendor de las más grandes catedrales terrenales— palidece al lado de la descripción que hace Juan de la "nueva Jerusalén" (Apoc 21, 2), una ciudad cuya descripción suena como la de un templo ornamentado. ¿Una vasta metrópolis brillante con gigantescas piedras preciosas? ¿Jaspe? ¿Cristal? Algo digno de verse.

Sin embargo, es significativo que el rasgo que Juan dedica más tiempo a describir son las doce puertas de la ciudad. Sus lectores, familiarizados con las ciudades amuralladas, habrían sabido que las puertas a menudo recibían nombres que implicaban quiénes podían utilizarlas (la de Jerusalén incluía la puerta de las ovejas, para los que llevaban animales a un mercado cercano, y la puerta de Damasco, en el camino hacia y desde esa ciudad). Juan retoca esa tradición de una manera maravillosamente inclusiva. Las puertas de esta ciudad, revela, llevan el nombre tanto de las tribus de Israel como de los apóstoles, lo que implica la acogida no sólo de los judíos, sino de todos los que aceptan el evangelio transmitido a través de los seguidores de Cristo.

Lo verdaderamente glorioso de esta ciudad, podría decirse, no es su exagerada magnificencia, sino su garantía de que cada creyente fiel tendrá la certeza de encontrar una puerta designada personalmente.

**Meditación:** Identifica las mejores y más características formas de servir y amar a Dios. Entonces, en el espíritu alegremente inclusivo de la lectura de hoy del Apocalipsis, imagina lo que podría estar inscrito en la puerta de la nueva Jerusalén destinada a tu forma de servicio. ¿Servidores de los pobres? ¿Traedores de consuelo? ¿Ministros de la palabra?

**Oración:** Permíteme vivir mis días en paz mientras te sigo, Señor, confiando en que con el tiempo entraré con gran regocijo en tu magnífica morada.

*23 de mayo: Lunes de la sexta semana de Pascua*

## Modelos de sostenimiento

**Lecturas:** Hch 16, 11-15; Jn 15, 26–16, 4a

**Escritura:**
Había una mujer, llamada Lidia . . . comerciante en púrpura, que adoraba al verdadero Dios. El Señor le tocó el corazón para que aceptara el mensaje de Pablo (Hch 16, 14)

**Reflexión:** Así pues, Pablo y sus compañeros acuden a la llamada y van a Macedonia, y resulta que su primer converso no es el hombre del sueño, sino una mujer, una mujer acomodada e influyente que vive sola, una mujer que ofrece exactamente los recursos que la misión necesita para establecerse. Este hecho debería alegrar a todos los que tratan de reconocer el papel esencial y el ingenio de las mujeres en la Iglesia, al igual que los estudios recientes que demuestran que Lidia fue sólo una de las muchas mujeres que desempeñaron papeles cruciales en el cristianismo primitivo.

A título personal, la historia de Lidia me ha animado durante dos décadas. Habiéndome considerado siempre una mujer felizmente autorrealizada, me di cuenta con asombro, al enviudar a los cincuenta años, de lo profundamente que había absorbido el énfasis de nuestra cultura sobre la pareja. Abruptamente demasiado consciente de los estereotipos de las viudas y las mujeres solteras en general como patéticas "piezas de repuesto", perdí temporalmente el sentido de mi propia importancia, de por qué debía seguir viviendo. Afortunadamente, la gracia nos proporcionó historias de mujeres bíblicas solteras (Lidia, Judit) y de santas viudas más contemporáneas (incluidas las reinas medievales que fundaron abadías e Isabel Seton), mujeres cuya soltería les abrió nuevos caminos, permitiéndoles utilizar sus talentos de formas antes inimaginables y profundamente importantes.

Estas hermanas se han convertido en modelos de apoyo cruciales, mi "tribu". Me recuerdan que debo dejar de compadecerme de mí misma y prestar atención a la voz de Dios, que debo abrir mi corazón y abrazar las oportunidades.

¿Quiénes son tus modelos en la Escritura, aquellos individuos con los que te identificas, que te ofrecen la sabiduría exacta que necesitas? ¿A quién tienes en mente cuando dices: "Todos los santos y santas, rueguen por nosotros"?

**Meditación:** "Hay un santo o un modelo bíblico para cada uno", dice una monja benedictina que conozco. Un administrador con un alto nivel de exigencia podría conectar con san Carlos Borromeo; una esposa y madre cariñosa con Raquel; un profesor de una zona urbana deteriorada con san Juan Bosco. Si no has encontrado tu tribu, tómate tiempo para explorar las vidas de los santos y de los hombres y mujeres de las Escrituras.

**Oración:** Gracias, Señor, por los ejemplos de hombres y mujeres santos, mis amigos y guías.

*24 de mayo: Martes de la sexta semana de Pascua*

## Anhelo de liberación

**Lecturas:** Hch 16, 22-34; Jn 16, 5-11

**Escritura:**
Se sacudieron los cimientos de la cárcel, las puertas se abrieron de golpe . . . (Hch 16, 26)

**Reflexión:** La palabra "milagro" ha llegado a utilizarse para cualquier cosa maravillosa o sorprendente: una vívida puesta de sol, un nuevo tratamiento médico, una feliz coincidencia. Sin embargo, santo Tomás de Aquino ofrece una definición más específica: los milagros son cosas "hechas por el poder divino al margen del orden [natural] que generalmente se sigue en las cosas". Son actos de Dios que nos asombran y fortalecen nuestra fe.

Aunque a los católicos siempre les han gustado las historias de milagros, la que se relata en la primera lectura de hoy es especialmente conocida. Esta dramática narración de la huida de Pablo y Silas aparece en el arte, la literatura y la referencia homilética. También se ha convertido en un tema musical frecuente, al que se hace referencia en un espiritual afroamericano, en una emocionante canción gospel de los hermanos Stanley y en numerosas composiciones de artistas cristianos contemporáneos. Incluso hay una cuenta Pinterest con más de quinientos seguidores que ofrece manualidades para el catecismo centradas en "Pablo y Silas en la cárcel".

El atractivo es fácil de explicar, ya que, como tantas historias de milagros, este relato es un arquetipo, que evoca el anhelo de liberación que casi todo ser humano siente tarde o temprano. Puede que las nuestras sean sólo cárceles figuradas: la ira enconada, la culpa, el miedo, la adicción, un pecado que no podemos evitar repetir, una relación tóxica, los prejuicios. Sin embargo, pueden parecer condenatorias, imposibles de evitar.

El salmo de hoy se hace eco de la solución ofrecida a Pablo y Silas: "Tu mano, Señor, nos pondrá a salvo" (Salmo 137, 7c). En el caso de esa fuga concreta, también salvó el alma del carcelero.

Aunque no nos encontremos milagrosamente liberados de lo que nos atrapa, prestemos también atención a las historias que muestran que todo es posible con Dios y demos pasos valientes hacia la libertad que necesitamos.

**Meditación:** ¿Qué tipos de esclavitud has experimentado? Si has encontrado la liberación, considera cómo la mano de Dios ha fomentado esa libertad, y da las gracias. Si todavía estás encadenado, deja de lado la desesperanza y pide al Señor, capaz de todo, que te ayude.

**Oración:** Señor, que liberaste a Pablo y a Silas, acompáñame cuando me sienta desesperadamente en la esclavitud. Dame fuerza, valor y confianza en tu poder para liberarme de cualquier obstáculo que tenga.

*25 de mayo: Miércoles de la sexta semana de Pascua*

## Buscando a Dios a tientas

**Lecturas:** Hch 17, 15. 22–18, 1; Jn 16, 12-15

**Escritura:**
"De un solo hombre sacó todo el género humano . . . determinó las épocas de su historia y estableció los límites de sus territorios. Dios quería que lo buscaran a él y que lo encontraran, aunque fuera a tientas . . ." (Hch 17, 26-27)

**Reflexión:** Aunque muchos verbos bíblicos relativos a los intentos de los humanos por conocer a Dios connotan dignidad ("buscar", por ejemplo), admito que me gusta especialmente el uso que hace Pablo de "buscar a tientas", tantear, durante su discurso en Atenas. A menudo, mi propio proceso se parece más a un "tanteo" instintivo y poco sistemático que a la búsqueda organizada y decidida que sé que debería ser. Rezo para conocer la voluntad de Dios en los momentos de dolor; Lo celebro en una excursión cuando, como dice el querido himno: "Miro hacia abajo desde la elevada grandeza de la montaña"; Estoy sacudida por una sensación de santa presencia durante un día de trabajo ordinario de masaje en el hospicio, mientras un paciente con demencia se vuelve hacia mí y sonríe.

A pesar de su falta de dignidad, "tantear" tiene una implicación maravillosamente significativa. Sólo buscas a tientas algo que estás seguro de que está ahí: una puerta en la oscuridad, un nombre que una vez conociste. La frase de Pablo subraya esa idea, haciendo hincapié en la omnipresencia de Dios en un mundo formado a propósito para inspirarnos a buscar, sintiendo que "no está lejos de nosotros" (Hch 17, 27). Podemos ir a tientas, pero no a ciegas.

Qué diferente es esto de abrazar a un dios simplista "labrad[o] . . . por los hombres" (17, 24), como dice Pablo de los santuarios paganos, una divinidad que podríamos explicar. Por el contrario, nuestro Dios brilla con misterio, invitándonos a profundizar en nuestro amor y aprecio a través de la búsqueda, a ampliar los límites de lo que nos atrevemos a imaginar.

**Meditación:** Dedícate hoy a buscar "a tientas" señales de que Dios está cerca de ti. Tómate el tiempo de notar su presencia en una conversación, en un encuentro observado entre otras personas, en una amabilidad dada o recibida, en la belleza del vuelo de un pájaro o en una obra de arte o música que llega fortuitamente a tu vida en el momento justo. Considera la posibilidad de llevar una lista diaria de esos "toques" para que tu "tanteo" sea más consciente y habitual.

**Oración:** Agudiza mis ojos, mis oídos y mi corazón, oh Dios, para sentir tu gloria siempre presente.

*26 de mayo (jueves) o 29 de mayo: La Ascensión del Señor*

## Fortalecidos por la claridad de la verdad

**Lecturas:** Hch 1, 1-11; Ef 1, 17-23 o Heb 9, 24-28; 10, 19-23 Lc 24, 46-53

**Escritura:**
Se fue elevando a la vista de ellos, hasta que una nube lo ocultó a sus ojos (Hch 1, 9)

**Reflexión:** Qué espectáculo tan magnífico debió ser la ascensión de Jesús, ¡tan llena de confirmaciones, promesas e implicaciones! Tan magnífico, de hecho, que resulta abrumador para los apóstoles, que se quedan congelados y mirando con la boca abierta al cielo. La jerga del Renacimiento ofrece una palabra maravillosa —"becerros de la luna"— para designar a personas tan indefensas, tan superadas por sus experiencias.

¿Qué acaba de suceder? Jesús había sido crucificado, sí, pero había vuelto y había estado con ellos durante mucho tiempo —cuarenta días— enseñando y acompañando. Dada la tendencia humana a esperar que las cosas buenas duren para siempre, es muy posible que los discípulos empezaran a prever que esta compañía con el Señor resucitado sería una nueva normalidad continua y maravillosa (aunque extraña).

Sin embargo, de repente, Cristo se va, tras un discurso no más dramático que muchos que ha pronunciado antes. Creo que todos necesitaríamos que los ángeles nos sacaran de nuestro shock en tales circunstancias.

El papa san León Magno utiliza el desconcierto de los apóstoles para explicar por qué el Señor tuvo que volver a ellos y luego volver a dejarlos. Dios comprendió, dice León, que aceptar la resurrección del cuerpo llevaría al límite la capacidad de creer de los seguidores de Jesús, por lo que les proporcionó pruebas claras (esos cuarenta días en los que tocaron las heridas, comieron juntos, oyeron la voz familiar de Cristo). El gran gesto de la propia ascensión les permite ser testigos de la unidad de Jesús con Dios. Una vez que la verdad penetre, nunca olvidarán lo que vieron o lo promulgarán tímidamente.

"Demos gracias . . . a la gestión divina", exhorta León, al Dios que fortalece nuestra fe "por la claridad de la verdad".

**Meditación:** ¿Te has encontrado alguna vez, como los apóstoles, congelado e incrédulo ante algo que no entendías pero que parecía enviado por el cielo? Mirando hacia atrás, considera cómo esa podría haber sido exactamente la experiencia que necesitabas en ese momento: el choque necesario para moverte a un nuevo nivel de fe y servicio.

**Oración:** Cuando un cambio desalentador y momentáneamente incomprensible me sacuda, oh, Dios, ayúdame a confiar en tus intenciones y a escuchar las voces de los ángeles.

*27 de mayo: Viernes de la sexta semana de Pascua*

## Enfrentarse al miedo

**Lecturas:** Hch 18, 9-18; Jn 16, 20-23

**Escritura:**
"Habla y no calles, porque yo estoy contigo y nadie pondrá la mano sobre ti para perjudicarte" (Hch 18, 9)

**Reflexión:** Una amiga que da clases de catecismo a los niños nos cuenta que sus alumnos están fascinados con los mártires. Parece que hay algo que atrae profundamente a los jóvenes, especialmente a los adolescentes, en la idea de adoptar una postura tan heroica. Al fin y al cabo, ¡tantos mártires famosos eran jóvenes!

¿Pero nosotros, los adultos? Esa es otra cuestión. Podemos admirar a los que murieron por la fe, pero sospecho que a la mayoría de nosotros nos costaría imaginarnos siguiendo su ejemplo. ¿Te imaginas cuánto te dolerían esos tormentos? Y tenemos tantas inversiones en la vida cuidadosamente alimentadas que perder: tantos proyectos, responsabilidades, seres queridos, posesiones.

Pablo ya no es un hombre joven cuando va a Corinto (probablemente tenga unos cuarenta años, según las estimaciones de los historiadores). Como ya ha sido apedreado y encarcelado, la persecución por la fe ya no es, obviamente, una gloriosa abstracción juvenil para él. En Corinto, la amenaza no hace más que intensificarse cuando las circunstancias toman un giro particularmente ominoso. Los judíos, el propio pueblo de Pablo, intentan entregarlo a las autoridades romanas, una de las cuales se lava las manos de la responsabilidad. El eco de lo que le ocurrió a Jesús es ineludible.

Sin embargo, Pablo se queda, fortalecido por esa visión y esas palabras del Señor: "No tengas miedo". Contemplando su historia, pienso con pesar en las veces que me he puesto de perfil ante el mero desánimo o los golpes a mi ego, y pido a Dios que renueve en mí un espíritu de idealismo juvenil. *Habla también conmigo*, ruego. *Hazme partícipe de esa valentía.*

**Meditación:** La lectura de hoy sugiere que, tras la visión, Pablo hizo un voto a Dios en Corinto (ratificado al dejarse crecer el pelo). Si te encuentras con una incómoda resistencia interior en una misión propia, considera la posibilidad de hacer una promesa formal a Dios de persistir durante un intervalo fijo, escuchando su guía.

**Oración:** Bendíceme con tu aliento, oh Dios, cuando me asuste o me canse en tu labor.

*28 de mayo: Sábado de la sexta semana de Pascua*

## Aprender y enseñar

**Lecturas:** Hch 18, 23-28; Jn 16, 23b-28

**Escritura:**
"Pidan y recibirán" (Jn 16, 24)

**Reflexión:** Qué contraste tenían esos dos estudiantes que una vez supervisé durante su primer semestre como profesores de escritura. Y qué equivocado estaba sobre sus perspectivas. Brillante y muy leída, Lisa hablaba con frecuencia y seguridad en el seminario de pedagogía de grupo, dominando el debate. Más lenta en la asimilación, Ana absorbía modestamente la información.

Sin embargo, los propios dones de Lisa resultaron ser su perdición. Con sus propios alumnos, era crónicamente impaciente, incluso despectiva. No admitía que tuviera nada que aprender de sus compañeros o de su mentora (yo), y se empecinaba en culpar a sus alumnos cuando sus propias tácticas fracasaban, alienándolos y desanimándolos. Por el contrario, la clase de Ana florecía, mientras ella comunicaba pacientemente, calibrando a partir de las respuestas de sus alumnos cómo enseñar, y acogiendo consejos cuando las cosas no iban óptimamente.

La conclusión es que si no estás dispuesto a que te enseñen, es probable que no seas un buen profesor. Si te sientes amenazado por la sugerencia de que podrías no tener todas las respuestas, siempre estarás limitado en tu comprensión.

La primera lectura de hoy nos ofrece un ejemplo de alumno-maestro en Apolo, un hombre dotado y dispuesto a escuchar. Un "hombre elocuente" (18, 24), era evidentemente bien educado, formado en la retórica clásica, así como erudito en las Escrituras. Sin embargo, se dejó instruir con gratitud por los humildes fabricantes de tiendas Priscila y Áquila, inclinándose ante su superior conocimiento de Cristo. En consecuencia, se convirtió en un maestro a tener en cuenta.

"¡Pide!". Cristo exhorta a sus apóstoles cuando son demasiado pasivos, consejo que es esencial para todos los que tenemos más que aprender sobre cualquier tema, incluida la fe, los que podemos encontrarnos llamados a guiar a otros.

**Meditación:** ¿Dónde te vendría bien un consejo o una comprensión más profunda, pero no los has pedido? ¿Has tenido miedo de parecer un tonto? ¿Te has obstinado en tu propia visión de la situación incluso cuando la evidencia sugiere que la aportación de otros sería una buena idea? Recordando a Apolo, busca a aquellos cuyos conocimientos puedan complementar los tuyos.

**Oración:** Dios de toda la sabiduría, ayúdame a ser un aprendiz dispuesto, un indagador ansioso de nuevos conocimientos.

*29 de mayo: Séptimo domingo de Pascua*

## En toda edad

**Lecturas:** Hch 7, 55-60; Ap 22, 12-14. 16-17. 20; Jn 17, 20-26

**Escritura:**
"Yo soy el retoño de la estirpe de David, el brillante lucero de la mañana" (Apoc 22, 16)

**Reflexión:** Mientras escribo estas reflexiones, por feliz casualidad Venus, el lucero del alba, está especialmente brillante. La ventana de mi habitación da al este y, como tengo un sueño ligero y soy una escritora madrugadora, cuando se acerca mi propio amanecer, he disfrutado captando su aparición nocturna desde detrás de una cresta de la montaña y observando cómo sube en el cielo. Hace tiempo que me gusta la tranquilizadora previsibilidad de Venus, sobre todo cuando, ansiosa en lugares extraños, he vislumbrado a esta vieja amiga: en un viaje de mochilera por la naturaleza, en otro continente, una vez desde la ventanilla de un avión durante un viaje nocturno especialmente tenso. Estate tranquila, dice ella. Sigo aquí, y tú sigues en casa.

Si a ti, como a mí, te reconforta contemplar los cielos ordenados (al menos a nuestros ojos), la metáfora del Apocalipsis que habla de Cristo como la "estrella de la mañana", siempre fiable y amable, también hablará con especial claridad a tu corazón. El lenguaje de las lecturas de hoy evoca una continuidad cósmica gloriosamente tranquilizadora: "Yo soy el Alfa y la Omega, yo soy el primero y el último, el principio y el fin" (Apoc 22, 13); y "me has amado desde antes de la creación del mundo" (Juan 17, 24). Sugiere que si seguimos a este Jesús de edad en edad, a pesar de nuestra aparente mortalidad, también podemos contar con ser envueltos en un cuerpo perfecto y unificado que baila eternamente según el diseño de Dios.

Qué triste contraste ofrecen los perseguidores de Esteban en nuestra primera lectura, con su perspectiva obstinadamente estrecha, sus oídos tapados, su desagradable pero risible intento de tomar el rumbo del mundo en sus propias manos divisorias. No hay estrella de la mañana para ellos; buscan piedras en el suelo. Sólo Esteban levanta la mirada.

Creo que es bueno —y oportuno— mantener nuestras cortinas abiertas, ahora que este tiempo de Pascua comienza su última semana, para preguntarnos: ¿En qué dirección miramos?

**Meditación:** ¿Hace cuánto tiempo que no sales al aire libre por la noche y te sientas en silencio a ver cómo salen las estrellas y se mueven por el cielo? "Los cielos cuentan la gloria del Señor, / proclama el firmamento la obra de sus manos" (Sal 19, 2). Dedica un tiempo a dejar que el orden y la paz de los cielos calmen tu alma.

**Oración:** Cristo, siempre fiel, sé mi estrella. Deja que siempre encuentre consuelo en ti.

*30 de mayo: Lunes de la séptima semana de Pascua*

## Soplando donde quiera

**Lecturas:** Hch 19, 1-8; Jn 16, 29-33

**Escritura:**
Y cuando Pablo les impuso las manos, descendió el Espíritu Santo . . . (Hch 19, 6)

**Reflexión:** Los resultados de buscar en Google "Espíritu Santo" serían graciosos si no fueran una acusación de la mentalidad de autoayuda de hoy en día. "¿Cómo obtengo el Espíritu Santo?", pregunta una página de preguntas frecuentes, mercantilizando el misterio. Los que no estén seguros de sus carismas pueden hacer pruebas. Alguien que teme estar "haciéndolo mal" pregunta: "¿Hay que hablar en lenguas para tener el Espíritu Santo?". ("¡Sí!", responde inequívocamente un predicador fundamentalista).

Cuán infinitamente alejado está todo esto de la descripción que hace la Escritura del Espíritu, una fuerza voluntaria, polifacética e impulsada por la gracia. "El viento sopla donde quiere, y tú oyes su silbido, pero no sabes de dónde viene ni adónde va. Lo mismo le sucede al que ha nacido del Espíritu", dice Jesús (Jn 3, 8). El Espíritu "descendió" sobre los efesios en sus bautismos, lenguaje que señala claramente qué lado del intercambio llevaba la voz cantante.

He oído relatos de personas con la certeza de que el Espíritu Santo "vino a ellos" en contextos contemporáneos, y apuesto a que tú también lo has hecho, relatos de gloriosa, extraña y santa alegría, gratitud e inspiración. Las personas en cuestión niegan poseer ninguna credencial espiritual en particular, a veces todo lo contrario. Sin embargo, de repente, aparentemente de la nada, se vieron atrapados por una sensación de morada, una afirmación de algo más allá de ellos mismos que revolucionó su fe.

No "obtenemos" el Espíritu Santo. No es una herramienta de autorrealización, no es algo que se entienda de forma unilateral y que se reúna con orgullo.

Nosotros somos su morada. Somos sus herramientas.

**Meditación:** Dentro de unos días, cantaremos la Secuencia del Domingo de Pentecostés, que entona "Ven, Espíritu Divino". Prepárate para esa gran fiesta y practica una tendencia a pedir con humildad —a dejar que el Espíritu sea el Espíritu, al asombro y a la gratitud— leyendo ese pasaje en voz alta, o cantándolo si tienes inclinación musical (prueba con la melodía del "Himno a la alegría" de Beethoven). La letra de la Secuencia se puede encontrar en Internet.

**Oración:** Ayúdame, Espíritu Santo, a relajar mi espíritu de "puedo hacerlo" y "conozco mejor" para que esté disponible para hacer tu voluntad cuando y cómo lo consideres apropiado.

*31 de mayo: La Visitación de la Santísima Virgen María*

## Los ciclos de la vida

**Lecturas:** Sof 3, 14-18 o Rom 12, 9-16; Lc 1, 39-56

**Escritura:**
Que la esperanza los mantenga alegres; sean constantes en la tribulación y perseverantes en la oración (Rom 12, 12)

**Reflexión:** No sé tú, pero yo siempre me siento un poco desorientada cuando la fiesta de la Visitación aparece entre relatos de peligrosas misiones apostólicas y proclamas místicas del fin de los tiempos. Bruscamente nos transportamos al principio de la historia terrenal de Cristo, décadas antes, cuando María e Isabel se encuentran, embarazadas de Jesús y Juan Bautista, respectivamente. El momento encaja adecuadamente en nuestro ciclo anual de celebraciones: faltan poco menos de nueve meses, aproximadamente, para la Navidad. Sin embargo, hay algo que hace que la promesa del Adviento se convierta brevemente en una realidad cuando la primavera da paso al verano.

Sin embargo, esa misma yuxtaposición tiene algo importante que sugerirnos sobre la santa continuidad en nuestras vidas. Se nos recuerda que brotar y cosechar, vivir y morir, forman parte del mismo ciclo divino, todos ellos aspectos del propósito de Dios para nosotros. En cualquier momento, nuestras propias trayectorias se desarrollan en compañía de las diferentes estaciones de la vida de los demás. La vida de alguien siempre está empezando mientras la de otro está terminando. Alguien está alegre mientras otro se lamenta. La arquitectura general de la danza tiene varias capas, no es una melodía unificada sino una ronda continua.

Aunque un joven insensato pueda afirmar que la alegría de los comienzos es lo más importante o un viejo amargado se desespere por los "tiempos finales" personales, cada fase del ciclo tiene su propio trabajo, su propio valor. En lugar de envidiar las etapas de la vida de otros, haríamos mejor en rastrear las formas en que Dios ha sido fiel a través de nuestros propios cambios, rezando siempre con María y con innumerables otros, "estoy seguro y nada temo" (Is 12, 2).

**Meditación:** Fíjate en las personas que conozcas que estén en diferentes etapas de su vida. Ora por ellas según corresponda a sus necesidades: en acción de gracias por su alegría; para que tengan consuelo en su sufrimiento; para que encuentren la alegría, la inspiración, el amor, la gratitud, la fuerza o el humor que necesitan para estar donde están ahora. Pide también lo que tú necesitas hoy.

**Oración:** Que mi alma proclame tu grandeza y se regocije en ti, Señor, dondequiera que el ciclo de mi vida me encuentre.

*1 de junio: San Justino, mártir*

## Bendiciones de despedida

**Lecturas:** Hch 20, 28-38; Jn 17, 11b-19

**Escritura:**
"Ahora los encomiendo a Dios y a su palabra salvadora, la cual tiene fuerza para que todos los consagrados a Dios crezcan en el espíritu" (Hch 20, 32)

**Reflexión:** "Cuando mi abuela estaba a punto de morir", admitió una mujer que conozco, "me sentí destrozada. No podía ver cómo podía vivir sin ella". Su abuela siempre había sido su mejor amiga y mentora en cuestiones prácticas y espirituales. "Ella fue la que me animó a entrar en ese duro programa de máster en bioquímica, la que fue mi animadora incluso más que mis padres. En ese momento tenía dificultades en la escuela y me preocupaba no tener fuerzas para seguir adelante". Sin embargo, incluso en sus últimas horas, la mujer mayor había tendido la mano, convocando a la más joven y vacilante para una bendición que reavivaba la confianza y la inspiración. Las cosas no serán siempre fáciles, había aconsejado, "Pero no te preocupes. Perteneces a Dios, y tienes un trabajo importante que hacer. ¡No lo dudes nunca! ¡Haz que me sienta orgullosa!".

Las lecturas de hoy relatan dos bendiciones de despedida, una de Jesús y otra de Pablo. Al igual que la abuela de mi amigo, ninguno de ellos trata de endulzar el mensaje. Cada frase está teñida de dolor, con la sensación de que el propio orador tiene un final inminente. Pablo no volverá a Éfeso; Cristo se enfrenta al Huerto de Getsemaní y luego a la muerte. Sin embargo, ambas bendiciones ofrecen a los oyentes un consuelo a través del sentido del legado. Hacen hincapié en la rica herencia que obtendrán los que se queden por la fidelidad, afirmando que están consagrados a la obra de Dios.

Al recorrer nuestros propios caminos generaciones de seguidores después, tomemos estas bendiciones como propias, sin dudar nunca de que nosotros también pertenecemos a Dios.

**Meditación:** Las bendiciones no tienen por qué ser asuntos formales en el lecho de muerte. Las palabras alentadoras pronunciadas en medio de los asuntos ordinarios tienen el poder de apoyar los dones de los demás, de tranquilizar a los que están superando los retos y el desánimo, y de recordar la fidelidad de Dios. Promete acercarte y bendecir a alguien de esta manera informal durante cada uno de los pocos días restantes del Tiempo Pascual, y quizás más allá.

**Oración:** Padre Celestial, ayúdame a superar las pruebas de mi vida con tranquila seguridad, recordando siempre que me has bendecido y consagrado.

*2 de junio: Jueves de la séptima semana de Pascua*

## Enfrentarse a la dura verdad

**Lecturas:** Hch 22, 30; 23, 6-11; Jn 17, 20-26

**Escritura:**
El comandante, temiendo que hicieran pedazos a Pablo, mandó traer a la guarnición para sacarlo de allí y llevárselo al cuartel (Hch 23, 10)

**Reflexión:** La primera lectura de hoy presenta una escena de violencia verdaderamente espantosa, tan impactante que me he encontrado intentando "domesticarla", haciendo lo posible por aplicarla a la realidad más tranquila en la que, afortunadamente, habitamos la mayoría de nosotros. Un borrador de esta reflexión se centraba en la necesidad de respetar a los demás durante los desacuerdos; otro advirtió que las diferencias doctrinales pueden oscurecer el mensaje central de la fe, el amor. Sin embargo, todos estos esfuerzos me han parecido, en última instancia, intentos absurdamente inapropiados de ignorar la dura verdad sobre el salvajismo y el pecado innatos del ser humano que Lucas está poniendo de relieve.

Se suponía que la ocasión era una audiencia previa al juicio, una reunión civil de investigación entre respetados líderes judíos. En cambio, estalla un violento motín; la gente civilizada se convierte en una turba frenética y potencialmente mortal.

No necesitamos esta historia, por supuesto, para recordar el salvajismo de nuestra especie, a menudo tristemente asociado a un fervor religioso equivocado. La letanía histórica es larga: ciudades de albigenses y torres de neoyorquinos en llamas; martirios públicos sangrientos de protestantes en la Europa del siglo XVII y de católicos en el Lejano Oriente; Auschwitz; el continuo tormento mundial del otro.

Sostener que tal barbarie es una aberración es simplemente imposible. Pretender que nosotros mismos no compartimos el potencial para ello es peligroso.

Cuán grande es nuestra necesidad, entonces, del mismo mensaje de conversión en el amor que Pablo predicaba. Y qué liberador es comprender que esta transformación comenzará en el mismo momento en que aceptemos dejar entrar al Espíritu Santo, en el momento en que reconozcamos lo mucho que *necesitamos* al Espíritu Santo.

**Meditación:** "Como tú, Padre, en mí y yo en ti somos uno . . . [para] que sean uno", ora Jesús por los creyentes en el Evangelio de Juan (17, 21. 23). ¿Qué duras verdades sobre tu propia capacidad de hacer daño te impiden hoy disfrutar de la unidad con Cristo y con los demás? ¿Qué pasos concretos puedes dar para sembrar la paz en tu comunidad, lugar de trabajo y hogar?

**Oración:** Sustituye mi corazón de piedra por un corazón amoroso, Espíritu Santo, cada vez que la ira amenace con invadirme.

*3 de junio:*
*Memoria de San Carlos Lwanga y compañeros, mártires*

## Alimentar a los corderos

**Lecturas:** Hch 25, 13b-21; Jn 21, 15-19

**Escritura:**
Jesús le dijo: "Apacienta mis corderos" (Jn 21, 15)

**Reflexión:** Hace varios años asistí a la fiesta de Primera Comunión de los hijos de unos amigos. Mientras estábamos sentados en el césped, alguien preguntó a los niños —tanto a los que estábamos celebrando como a los mayores— qué aspectos del catolicismo les parecían más importantes. Uno dijo naturalmente la Comunión, otro la Reconciliación, otro soltó con entusiasmo: "¡Padre, Hijo y Espíritu Santo!". Fue una niña tímida la que finalmente parafraseó la esencia del Evangelio de hoy: "Cuida bien de la gente".

Las lecturas del tiempo de Pascua han ofrecido muchos ejemplos de cómo los primeros cristianos "cuidaban de la gente", es decir, alimentaban a los corderos de Jesús. Los seguidores de Jesús curaban a los enfermos físicos y mentales. Compartían los bienes mundanos. Invitaban a los extranjeros a la nueva alianza. Los receptores de estos "buenos cuidados" pronto se convirtieron ellos mismos en alimentadores de corderos, como hicieron Priscila y Áquila al educar a Apolo.

El enriquecimiento mutuo que vemos en el cristianismo primitivo también va más allá de lo humano, por supuesto. Los que dan tanto a los demás son sostenidos constantemente por el que es la fuente de toda fuerza. El Padre envía a Jesús resucitado a la tierra para animarlos y enseñarles. Los milagros los convencen de la Buena Nueva y permiten el rescate terrenal. La voz de Dios los dirige en visiones. Todos los nuevos cristianos de los Hechos son, pues, personas que cuidan de los demás y corderos que necesitan alimentarse.

De la boca —aunque pequeña— de los niños, mi joven amigo expresó el núcleo de nuestra fe, un mensaje de interdependencia que debería hacernos humildes y orgullosos a la vez.

**Meditación:** Como personas que buscan vivir una vida santa, es fácil centrarse en las dádivas que hacemos, llevando un recuento (consciente o inconsciente) para asegurarnos de que somos buenas personas. Intenta durante unos días fijarte en las ocasiones en las que tú eres el cordero, el receptor de la generosidad divina a través de agentes humanos en asuntos menores (un saludo que te hace sentir notado y apreciado) o mayores (alguien que te hace un favor sustancial).

**Oración:** Dios que siempre nos sustentas, permíteme moverme activamente en esta red de dar y recibir con humildad y agradecimiento.

*4 de junio: Sábado de la séptima semana de Pascua*

## Detención forzada

**Lecturas:** Hch 28, 16-20. 30-31; Jn 21, 20-25

**Escritura:**
"Llevo estas cadenas a causa de la esperanza de Israel" (Hch 28, 20)

**Reflexión:** Mientras escribo estas reflexiones, las rutinas normales y las asociaciones están truncadas debido al COVID-19, y los viajes son difíciles. "¡Este es el tiempo más largo de mi vida adulta en que no he viajado a ninguna parte!", me oí quejándome hace poco. "¡Me estoy volviendo loca!". Las noticias y las publicaciones de amigos en las redes sociales sugieren que esta inquietud está muy extendida.

¡Qué acostumbrados estamos a la libertad absoluta de movimientos! Qué rápido se llega a un cambio de escenario como una cura para el tedio, una solución a un problema, una recompensa por el trabajo realizado.

En este contexto inmediato, la ecuanimidad de Pablo bajo arresto domiciliario en Roma durante *dos años* parece realmente increíble. A la espera del juicio, está bajo vigilancia en una vivienda alquilada; se mencionan las cadenas. Para alguien tan amplio, tan acostumbrado a las aventuras, la súbita reducción de sus horizontes debió requerir una inmensa adaptación. Sin embargo, el compromiso entusiasta de Pablo de proclamar la Buena Nueva persiste sin interrupción. Desamparado en el corazón de la Roma cosmopolita, encuentra el lado positivo de la situación en el acceso que proporciona a compartir el mensaje de Cristo con una gama sin precedentes de personas, incluidos paganos, recién convertidos, ciudadanos romanos, esclavos y extranjeros visitantes.

El obispo Clemente de Roma (hacia el año 90 de la era cristiana) escribe que el "ejemplo de Pablo señalaba la perseverancia paciente". *Perseverancia*: qué anticuada, incluso pintoresca, nos parece esa palabra a quienes damos por sentado el privilegio de cambiar de escenario o de circunstancias a voluntad o por capricho cada vez que estamos disgustados, incómodos o incluso simplemente aburridos.

Sin embargo, la historia de Pablo nos recuerda que el hecho de verse obligado a no moverse —literal o figuradamente— puede constituir una invitación al trabajo crucial. Abordada con paciencia, con aceptación, con confianza en el propósito divino, puede incluso inspirarnos a dar nuevos y ricos frutos.

**Meditación:** ¿Dónde te sientes todavía atrapado o encarcelado, ahora que este Tiempo Pascual se acerca a su fin? ¿Cómo puede la situación llamarte a servir a Dios de una manera nueva o a profundizar en una vocación? ¿Qué oportunidades de servir a los demás, de aprender y de crecer puede ofrecer esta quietud?

**Oración:** Ayúdame a ver tu voluntad en todas las cosas, oh Dios. Enséñame a servirte en todas las situaciones.

*5 de junio: Domingo de Pentecostés*

## Uno en el Espíritu

**Lecturas:** Vigilia: Gn 11, 1-9; Ex 19, 3-8a. 16-20b o Ez 37, 1-14 o Jl 3, 1-5; Rom 8, 22-27; Jn 7, 37-39. Misa durante el día: Hch 2, 1-11; 1 Cor 12, 3b-7. 12-13 o Rom 8, 8-17; Jn 20, 19-23 o Jn 14,15-16. 23b-26

**Escritura:**
Les infundiré mi espíritu y vivirán . . . (Ez 37, 14)

**Reflexión:** De las muchas letanías hermosas en la Escritura, la recitación de la variedad de pueblos presentes cuando el Espíritu descendió en Pentecostés es ciertamente una de las más conmovedoras (Hch 2, 9-11). Cuando era lectora, cada año me hacía ilusión proclamar ese alegre catálogo de naciones. Qué increíble redención relata para los pueblos que una vez se dispersaron en Babel y que ahora tienen una segunda oportunidad de unidad con Dios y entre sí gracias al Espíritu Santo, que por una gracia inimaginable "nos ayuda en nuestra debilidad" (Rom 8,26).

Celebrar Pentecostés al final del Tiempo Pascual tiene mucho sentido. Su mensaje triunfal personifica lo que se ha proclamado durante siete semanas: Todos son bienvenidos a escuchar la Buena Nueva de Cristo. Nuestra celebración nos alinea elegantemente con los apóstoles en el primer Pentecostés, mientras nosotros mismos nos encontramos al borde del Tiempo Ordinario. Al igual que ellos, nos enfrentaremos a retos en los próximos meses que ahora sólo podemos vislumbrar oscuramente, incluyendo el exceso de trabajo que puede embotar nuestro espíritu pascual a pesar del fuego que sentimos hoy, y las crisis que amenazan con suministrar nuestros propios momentos de *"¿Y ahora qué?"*.

He cambiado el lectorado por el ministerio de la música, así que ya no puedo proclamar esa lectura. Pero tengo la oportunidad de ver las caras de los feligreses cuando se acercan a comulgar. Mientras avanzan en procesión, otra letanía más contemporánea suena en mi mente: *Somos ancianos y niños; familias, solteros y viudas. Somos conservadores y liberales en la política y en la fe. Somos informales y formales; conversos y católicos de cuna. Somos personas de diversas raíces y formas de vida.*

A medida que salgamos de este día y de este gran tiempo litúrgico, que recordemos siempre que, como iglesia, somos uno en el Espíritu.

**Meditación:** En el espíritu de Pentecostés, dedícate a acercarte a otras personas de tu parroquia que hablan una lengua diferente, ya sea en sentido figurado o literal. Pide al Espíritu Santo que abra canales de comprensión y comprométete a descubrir y celebrar lo que ustedes tienen en común.

**Oración:** Ven, Espíritu Santo, llena los corazones de tus fieles y enciende en nosotros el fuego de tu amor.

# Referencias

*Introducción*

Carey Landry, "Night Is Over" ("La noche ha terminado") en *Glory and Praise: Parish Music Program [Gloria y alabanza: Programa de música parroquial]*, (Phoenix, AZ: North American Liturgy Resources, 1977), 164–65.

San Juan Crisóstomo, "Homilía en Pascua: Los frutos de la resurrección de Cristo", en la *Patrologia Graeca*, ed. Jacques Paul Migne, vol. 50 (París: 1857–1866), 439.

*4 de mayo: Miércoles de la tercer semana de Pascua*

Traducido de John Milton, "Lycidas", en *Complete Poems and Major Prose [Poemas completos y prosa mayor]*, ed. Merritt Y. Hughes (Nueva York: Odyssey Press, 1957), 125.

*6 de mayo: Viernes de la tercera semana de Pascua*

Traducido de Papa Francisco, "'Rígido pero honesto': Meditación matutina en la capilla de la Domus Sanctae Marthae", *La Santa Sede* (Francisco: Meditaciones diarias, 5 de mayo de 2017), http://www.vatican.va/content/francesco/en/cotidie/2017/documents/papa-francesco-cotidie_20170505_rigid-but-honest.html.

*9 de mayo: Lunes de la cuarta semana de Pascua*

Traducido de John Oxenham, "En Cristo no hay Oriente ni Occidente" (1908).

*14 de mayo: San Matías, apóstol*
Traducido de Peter Scholtes, "Somos uno en el Espíritu" (1966).

*21 de mayo: Sábado de la quinta semana de Pascua*
William Cowper, "Luz que brilla en las tinieblas", en *The Complete Poetical Works of William Cowper [Obras poéticas completas de William Cowper]* (Londres: Oxford University Press, 1913), 455.

Traducido de Thomas Merton, *The Hidden Ground of Love: Letters [El terreno oculto del amor: Cartas]*(Nueva York: Farrar, Straus & Giroux, 1985), 297.

Thomas Merton, *Thoughts in Solitude [Pensamientos en soledad]* (1958; Nueva York: Farrar, Straus & Giroux, 1999), 79.

*24 de mayo: Martes de la sexta semana de Pascua*
Santo Tomás de Aquino, "Acerca de los milagros", en *Summa Contra Gentiles: Libro 3: La Providencia, Parte II.*; la versión utilizada por la autora es la traducción del latín al inglés de Vernon J. Bourke (Notre Dame, IN: University of Notre Dame Press, 1975), 81–83.

*25 de mayo: Miércoles de la sexta semana de Pascua*
Carl Boberg, "How Great Thou Art" ["Qué grande eres"], transcripción en Stuart K. Hine, en *Glory and Praise [Gloria y alabanza]* (Phoenix, AZ: North American Liturgy Resources, 1987), 97–98.

***26 de mayo: La Ascensión del Señor***
Traducido de San León Magno, "Sermón 73: Sobre la Ascensión del Señor", en *Nicene and Post-Nicene Fathers: Second Series [Padres nicenos y post-nicenos: Segunda serie]*, vol. 12, ed. Philip Schaff y Henry Wallace (1895; Nueva York: Cosimo Classics, 2007), 186–87.

***4 de junio: Sábado de la séptima semana de Pascua***
Traducido de Clemente de Roma, "Primera Epístola a los Corintios", en *The Ante-Nicene Fathers [Los padres antenicenos]*, vol. 9; la traducción utilizada por la autora del idioma original al inglés es la de John Keith, ed. Allan Menzies (Nueva York: Charles Scribner's Sons, 1903), 229–48.

# REFLEXIONES ESTACIONALES AHORA DISPONIBLES EN INGLÉS Y ESPAÑOL

## LENT/CUARESMA

**Not By Bread Alone: Daily Reflections for Lent 2022**
*Amy Ekeh and Thomas D. Stegman, SJ*

**No sólo de pan: Reflexiones diarias para Cuaresma 2022**
*Amy Ekeh and Thomas D. Stegman, SJ;
translated by Luis Baudry-Simón*

## EASTER/PASCUA

**Rejoice and Be Glad:
Daily Reflections for Easter to Pentecost 2022**
*Susan H. Swetnam*

**Alégrense y regocíjense:
Reflexiones diarias de Pascua a Pentecostés 2022**
*Susan H. Swetnam; translated by Luis Baudry-Simón*

## ADVENT/ADVIENTO

**Waiting in Joyful Hope:
Daily Reflections for Advent and Christmas 2022–2023**
*Mary DeTurris Poust*

**Esperando con alegre esperanza:
Reflexiones diarias para Adviento y Navidad 2022–2023**
*Mary DeTurris Poust; translated by Luis Baudry-Simón*

Standard, large-print, and eBook editions available. Call 800-858-5450 or visit www.litpress.org for more information and special bulk pricing discounts.

Ediciones estándar, de letra grande y de libro electrónico disponibles. Llame al 800-858-5450 o visite www.litpress.org para obtener más información y descuentos especiales de precios al por mayor.